마음의 비밀코드
색 채 타 로

마음의 비밀코드
색채타로

김동완 지음

COLOR CARD

동학사

머리말

색채는 문학이다. 색채는 문화이다. 색채는 심리이다. 색채는 산업이다. 색채는 인간이다. 그렇다. 색채는 인간의 삶이고 자연이고 지구이고 우주이다.

인간이 엄마 뱃속에서 태어나면서부터 나이가 들어 눈을 감을 때까지 색은 존재한다. 태초에 인간이 존재한 이래로 색은 존재했고, 인간이 존재하기 이전에도 색은 존재했으며, 우주가 사라지지 않는 한 색은 앞으로도 영원히 존재할 것이다.

색은 우리의 세상, 우리의 삶을 묘사하고 표현하는 데 매우 중요한 역할을 해왔다. "빛이 비쳐 뚜렷하게 보이는 응고된 진한 피의 색이 가장 아름다운 티리언 퍼플(Tyrian Purple)이다." 1세기에 대(大) 플리니우스는 자주색에 대한 로마인들의 열광에 대해 설명하면서 당시 가장 비싼 사치품이었던 티리언 퍼플에 대해 이렇게 말했다.

색이 없다면 소설이나 시와 같은 문학도 없다. 인간은 모두 감정의 동물이다. 감정을 가진 존재이기 때문에 푸른 숲속에 있을 때는 평안한 기분을 느끼게 되고, 밝은 노란색 카페에 앉아 있을 때에는 여유롭고 기분이 업되고 행복을 가득 느끼게 된다. 자연에서는 자연대로 도시에서는 도시대로 색이 존재하고 색으로 인한 감정이 달라진다.

이 책의 내용은 두 부분으로 나눌 수 있다. 하나는 색채이론과 색채심리를 다루는 부분이다. 여기서는 간단하지만 다양한 색채이론과 색채심리를 다루고 있다. 마음으로는 더 많은 내용을 담고 싶었지만 지면의 한계로 일반적이고 상식적인 선 내에서 색채이론과 색채심리를 설명하였다.

다른 하나는 색채타로로, 한 사람 한 사람의 현재 삶을 들여다보고 자신을 돌아보면서 미래를 준비해 나가는 점(占)에 해당하는 부분이다. 그러나 색채타로는 미래를 족집게처럼 맞히는 것이 아니고, 현재의 나의 모습을 통해 나를 돌아보며 미래를 예측하고 준비하도록 돕는다는 의미가 있다.

2002년 월드컵에서 가장 기억에 남는 것은 「붉은 악마」이다. 붉은 악마의 「빨강」 신드롬은 집단에서 발현된 사회문화 현상으로서 젊은이들의 상징적 코드가 되었다. 한반도에서 오랜 기간 동안 빨간색은 「빨갱이」라는 이름으로 공산주의와 사회주의의 상징으로 여겨져왔고, 레드콤플렉스의 전유물이었다.

이 빨간색이 광화문에서 시청 광장에서 강남에서 새로운 문화로 대변되는 광장의 문화 신드롬으로 등장하게 되었다. 과거에는 빨간색이 빨갱이나 공산주의자라는 이름으로 처단해야 하는 색이었다면, 지금은 붉은 악마로 열광하고 환호하는 색이 되었다.

색은 그만큼 인간의 삶 속에서 선이었다가 악이었다가 귀족이었다가 천민이었다가 하는 긴 역사를 가지고 있다. 과거의 색에 차별이 있었다면, 현재는 누구나 공유할 수 있게 되었다. 컬러TV의 등장과 인스타그램, 유튜브 등의 발전, 특히 SNS에서 사진과 1인 미디어방송의 발달로 누구나 색을 자유자재로 활용하고 사용할 수 있게 되었다. 이제는 모두가 색채전문가가 되었다. 그래서 색에 차별이 사라졌다. 누구나 색을 자신의 것으로 사용할 수 있게 되었다. 인간 사이에 평등한 세상을 색의 평등으로부터 확인할 수 있게 되었다.

"고운 빛은 어디에서 왔을까."
〈꽃밭에서〉라는 노래에서 유난히 마음에 와닿는 가사이다. 사계(四季)에 담긴 이 고운 빛들은 어디에서 왔을까. 제각기 충만한 색채감으로 발산되는 자연의 빛을 보노라면, 한 사람 한 사람에게도 그를 채워주는 그만의 빛깔이 분명 존재할 것이라 생각된다.
나의 소명은 세상에 존재하는 한 사람, 한 사람에게 어울리는 그의 빛깔과 향기를 찾아주는 것이다.

김동완

차 례

PART 1

◆

색채의 이해

PART 2

◆

색채타로 종합분석과 활용

PART 3

◆

라이더 웨이트 타로의 색채분석과 응용

컬러가 있는 영화 이야기

색채타로 종합분석

빨간색 p.81	분홍색 p.86	주황색 p.91	노란색 p.96
초록색 p.101	파란색 p.107	하늘색 p.112	터키옥색 p.116
남색 p.121	보라색 p.126	자주색 p.131	와인색 p.136
흰색 p.140	투명색 p.145	회색 p.150	검은색 p.155
은색 p.161	황금색 p.166	황토색 p.171	황갈색 p.175
구리색 p.179	갈색 p.184	녹갈색 p.189	다양한 색 p.193

일 러 두 기

1

색채타로는 색채의 심리를 읽고 응용하여 분석한다.

2

색채타로는 서양의 심리 분석과 동양의 색채 분석을 종합하여 해석한다.

3

색채타로는 사용하는 색채가 다양하나, 이 책에서는 일반적으로 많이 사용하는 색을 중심으로 분석한다.

4

이 책에서 사용하지 않은 색채는 비슷한 색의 색채타로로 대체해서 사용하고 해석한다. 예를 들어 넓게는 노란색에 속하면서 각자 이름이 있는 옐로오커, 크롬옐로, 잉카골드, 샤프란 등의 색은 노란색으로 통일해서 사용하고 분석하면 된다. 또한 버디그리스그린, 켈리그린, 셀레그린 등은 초록색으로 통일해서 사용하면 된다.

5

비슷한 색채는 서로 비슷한 심리와 비슷한 운명을 나타낸다고 본다.

PART
1

───────◆───────

색채의 이해

색이란 무엇인가?

001 색은 마음의 언어다

갓난아이가 물 속에서 수영을 하는 모습을 본 적이 있는가? 놀랍게도 아이는 물 속에서 본능적으로 수영을 한다. 물로 이루어진 엄마의 자궁에서 물고기처럼 자유롭게 살았던 아이에게 처음 태어난 이 세상은 오히려 낯선 환경일 것이다. 그러니 비슷한 환경인 물에 넣어주면 자연스럽게 수영을 하는 것이리라.

그림의 의미조차 제대로 알지 못하는 어린 아이들은 어디에든 그저 본능처럼 무언가를 그린다. 신기하게도 색에 대해 배우지 않았는데도 자유롭게 색을 사용한다. 때묻지 않은 순수한 마음이 칠하는 색은 그 아이의 마음이다. 색은 마음의 언어인 것이다.

색채학자이자 디자인 컨설턴트인 루이스 체스킨(Louis Cheskin)은 「색(Color)이란 마음에 작용한다」라고 역설하였고, 일본의 색채심리학자 스에나가 타미오는 『색채심리』에서 「색에 대한 욕구는 심리적 균형을 가지기 위한 인간의 본능 같은 것」이라고 말하기도 했다.

002 색과 색채

우리는 갖가지 다양한 색에 둘러싸여 살아간다. 흔히 색이라고 하면 빨강, 노랑, 파랑 등 각각의 색 이름을 떠올린다. 하지만 색의 사전적 의미는 빛을 흡수하고 반사하는 결과로 나타나는 물리적 현상을 말한다. 빛이 물체에 부딪치면 일부의 빛은 흡수되고 일부는 반사되는데, 이때 반사되는 빛에 따라 서로 다른 색이 표현된다.

사람들은 색을 색채라고도 한다. 둘 다 같은 말인 것 같지만 의미가 서로 다르다. 색이 빛의 흡수와 반사로 나타나는 물리적 현상이나 물감 등을 의미한다면, 색채는 색이 감각기관인 눈을 통해서 지각되거나 경험하게 되는 현상으로 심리적인 요소를 가지고 있다. 그래서 색을 이용한 심리검사를 색채검사라고 한다.

색채학에서는 색을 색과 색채로 분류한다. 색은 빛(light of color)이고, 색채는 컬러(color)를 말한다. 색은 햇빛을 포함하여 컴퓨터, 휴대폰, TV, 라이터의 불빛을 의미하고, 색채는 꽃과 나무의 색, 옷의 색, 책상이나 의자, 자동차의 색 등 우리 주위에 있는 거의 모든 사물의 색을 의미한다.

003 색과 관련된 기본용어

색상 명도, 채도와 더불어 색의 세 가지 속성 중 하나. 색을 빨강, 노랑, 파랑 등으로 구분하게 하는 색 자체의 특성을 말한다. 색상은 물체가 반사하는 빛의 파장의 차이에 의하여 달라진다.

명도 색의 밝고 어두운 정도. 명도가 낮으면 어두운 느낌을, 명도가 높으면 밝은 느낌을 준다. 명도가 가장 낮은 색은 검은색, 명도가 가장 높은 색은 흰색이다.

채도 색의 맑고 탁한 정도. 아무것도 섞지 않아 맑고 깨끗하며 원색에 가까운 것을 채도가 높다고 표현한다.

색의 삼원색 빨강, 노랑, 파랑. 삼원색을 여러 가지 비율로 섞으면 모든 색상을 만들 수 있는데, 반대로 다른 색상을 섞어서는 이 삼원색을 만들 수 없다. 따라서 이 삼원색을 일차색이라고 하며, 일차색끼리 혼합하여 만들 수 있는 색은 이차색이라고 한다.

빛의 삼원색 빨강, 파랑, 초록. 빛을 겹쳐 비출 때 가장 많은 가짓수의 색깔을 만들기 때문에 이 세 가지를 빛의 삼원색이라고 한다. 빨강, 파랑, 초록을 모두 겹치면 흰색이 나타난다.

무채색 색상이나 채도는 없고 명도의 차이만을 가지는 색. 검은색, 흰색, 회색을 이른다.

유채색 물체의 색 중에서 색상이 있는 색. 명도 차원만을 포함하는 무채색을 제외한 모든 색을 말한다.

원색(순색) 검은색, 흰색, 회색의 무채색이 섞이지 않은 색.

보색 서로 반대되는 색. 색상환(색상에 따라 계통적으로 색을 둥글게 배열한 것)에서 서로 마주보는 색이다.

색상 조화 둘 이상의 색이 배색되었을 때 각 색상 간에 아름답고 쾌적한 관계가 성립되는 일.

색상 대비 색상이 다른 두 개의 색을 나란히 두고 동시에 볼 때, 인접한 색의 영향을 받아 색이 다르게 보이는 현상. 예를 들어 같은 연두색이라도 파란색 위에 놓인 연두색은 좀 더 노랗게 보이며, 노란색 위의 연두색은 좀 더 파랗게 보인다.

톤(Tone) 명도와 채도를 합한 의미로 색깔이 강하거나 약한, 또는 짙거나 옅은 정도를 말한다. 자주 쓰이는 톤은 다음과 같다.

- 비비드 톤(vivid tone)_ 채도가 가장 높아서 선명하고 화려한 톤.
- 브라이트 톤(bright tone)_ 밝고 따뜻하며 맑은 톤.
- 라이트 톤(light tone)_ 브라이트 톤보다 조금 더 밝고 온화한 톤. 파스텔 톤에 가깝다.
- 페일 톤(pale tone)_ 유채색 톤 중에서 가장 밝고 연한 톤.
- 덜 톤(dull tone)_ 저명도에 저채도로 안정되고 무게감 있는 톤.

• 스트롱 톤(strong tone)_ 비비드 톤보다는 채도가 좀 더 낮은 톤으로 깊이 있고 정열적인 톤.
• 딥 톤(deep tone)_ 묵직하고 강한 이미지로 중후하고 고급스러운 톤.

컬러 마케팅(Color Marketing) 색상으로 소비자의 구매 욕구를 자극하는 마케팅 기법. 컬러는 사람의 욕망과 밀접한 관련을 맺고 있기 때문에 사람은 색채에 민감한 반응을 보이고, 이것이 곧 구매 충동으로 직결된다는 것이 컬러 마케팅의 기본 논리다.

컬러 세러피(Color Therapy) 색채를 이용한 치료방법. 직접적으로 질병을 치료하는 것이 아니라 색을 이용하여 신체의 자연적 치유능력을 강화시켜 신체적 · 정신적 질병 등을 치료한다.

10색상환과 보색

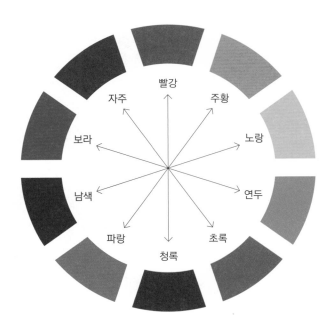

색이란 무엇인가?

동양의 색과 서양의 색

동양의 색

동양에서는 음양오행의 관점에서 방향마다 색이 존재한다고 믿었다. 동쪽은 파란색(목), 서쪽은 흰색(금), 남쪽은 빨간색(화), 북쪽은 검은색(수)으로, 각 색은 방향의 성격과 성향을 그대로 표현하였다. 동쪽은 어질 인(仁), 서쪽은 의로울 의(義), 남쪽은 예절 예(禮), 북쪽은 지혜로울 지(智)이다. 즉, 방향의 성격과 성향을 색채의 성격과 성향으로 정리한 것이 동양의 색이다.

동양의 색과 성향

서양의 색

서양의 색은 성격과 성향으로 분류되며, 동양과 달리 방위가 없다. 모든 사물과 자연은 고유의 색채가 있고 색채는 질감을 가지고 있으며, 사람들은 이러한 사물과 자연의 색에서 발산하는 느낌과 심리의 작용을 통해 개별적인 감성적 이미지를 갖게 된다. 즉, 색채감성을 언어의 형태로 표현하고 정리한 것이 서양의 색분류라고 할 수 있다.

서양의 색과 성향

색의 배색 이미지

배색이란 두 가지 이상의 색이 서로 잘 어울리게 배치함을 말한다. 다음은 두 가지 색을 여러 기준으로 배색했을 때의 이미지를 정리한 것이다.

색상 배색

초록색+초록색(동일 색상) 시원한, 차분한, 안정적인, 솔직한, 간결한.

초록색+주황색(유사 색상) 온화한, 협조적인, 화합하는, 상냥한, 따뜻한.

초록색+빨간색(대조 색상) 똑똑한, 강력한, 생생한, 활동적인, 화려한.

채도 배색

노란색+보라색(고채도) 자극적, 화려함, 강력한.

갈색+검은색(중채도) 안정적, 점잖은, 차분한.

회색(저채도) 점잖은, 모던한, 고상한.

심리적 반대효과의 색

파란색+빨간색 수동적+적극적, 정신적+육체적, 차가운+뜨거운.

빨간색+흰색 강한+약한, 충만한+텅 빈, 정열적+감정 없는.

노란색+회색 발산하는+흐릿한, 눈에 띄는+비밀스러운.

파란색+갈색 고귀한+천한, 이상적+실제적.

주황색+흰색 화려한+무색의, 요란한+겸손한.

초록색+보라색 자연스러운+부자연스러운, 현실적+이상적.

검은색+분홍색 강한+연약한, 거친+부드러운, 단단한+부드러운, 무감각한+예민한.

갈색+흰색 더러운+청결한, 천한+고귀한, 무거운+가벼운, 미련한+영리한.

은색+노란색 서늘한+따뜻한, 점잖은+활발한.

황금색+회색 순결한+불결한, 비싼+값싼, 고귀한+일상적인.

배색 활용

① 그러데이션

그러데이션(Gradation)은 그림이나 사진 등에서 밝은 부분부터 어두운 부분까지 변화해가는 농도의 단계를 말하며 색상의 그러데이션, 명도의 그러데이션, 채도의 그러데이션이 있다. 같은색 계열의 그러데이션으로 배열한 액세서리는 온화하고 중후하고 품위 있고 품격 있는 이미지를 만들어낸다.

② 세퍼레이션

세퍼레이션(Separation)은 색을 하나하나 독립시키고 중간에 이질적인 색을 넣어 부드러운 이미지를 없애고 생동감 있고 리듬감 있게 배열하는 것을 말한다. 세퍼레이션 배색으로 나열한 액세서리는 화려하고 화사하고 대담하고 열정적인 이미지를 준다.

006 색채의 감성 이미지

각각의 색채에는 고유의 이미지가 존재한다. 이들 이미지에서 느껴지는 심리를 바탕으로 감성을 구분하는 기준을 색채 이미지 스케일(감성분류체계)이라고 한다. 쉽게 말해 색상을 감성적인 형용사로 배치한 것인데, 패션을 비롯하여 건축, 조명 등 다양한 분야에서 널리 사용되고 있다.

다음 그림은 일본 색채학자 시게노부 고바야시의 이미지 스케일로 「딱딱한」과 「부드러운」, 「차가운」과 「따뜻한」의 대조적인 두 축으로 만들어진 도표이다. 그렇다면 한국적인 색채 이미지 스케일은 어떤 형태일까? 한국의 IRI 색채연구소에서는 「차가운」과 「따뜻한」 대신 「정적인」과 「다이나믹한」이라는 감성언어를 배치하였다. 일본과 한국의 색채감성의 차이를 알 수 있는 흥미로운 대목이다.

부드러운

부드러운

가벼운, 맑은, 투명한, 섬세한, 깔끔한, 유연한, 얇은, 상쾌한, 신선한, 아기자기한, 여성적인, 정다운, 자연적인, 소박한, 내추럴한, 감정적인, 포근한, 전원적인, 순수한, 연약한, 온화한, 약한, 잔잔한, 안정적인, 편안한, 간편한.

딱딱한

중후한, 무거운, 견고한, 깊은, 기능적인, 견실한, 남성적인, 도시적인, 점잖은, 지적인, 이성적인, 하이테크한, 진보적인, 서양적인, 모던한, 실용적인, 인공적인, 격식 있는, 세련된, 고급스러운, 시원한, 품위 있는.

차가운

은은한, 고상한, 소박한, 점잖은, 그윽한, 정적인, 수수한, 단순한, 조용한,

차분한, 정돈된, 단정한, 가지런한, 안정된, 심플한, 잔잔한, 나이든, 오래된.

따뜻한

선명한, 활동적인, 돋보이는, 개성적인, 다이나믹한, 기운찬, 강인한, 강한, 혁신적인, 뛰어난, 복잡한, 다양한, 율동적인, 자유로운, 경쾌한, 스포티한, 젊은, 새로운, 쾌활한, 화려한, 매력적인, 밝은, 환상적인, 장식적인, 향기로운, 넉넉한, 풍성한.

007   색채의 모양

색채에 모양이 있다면 믿을 수 있는가? 흥미롭게도 미국의 색채전문가 파버 비렌(Faver Biren)은 각각의 색채는 어떤 형태를 연상시킨다고 주장하였다. 즉 빨간색은 정사각형, 주황색은 직사각형, 노란색은 삼각형, 초록색은 육각형, 파란색은 원, 보라색은 타원형을 연상시키며, 각 색채의 성향은 아래와 같다.

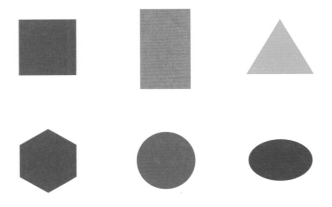

색상의 형태와 성향

빨간색 정사각형의 성격인 무게감과 안정감.

주황색 직사각형의 성격인 긴장감.

노란색 삼각형의 성격인 주목성.

초록색 육각형의 성격인 원만함.

파란색 원의 성격인 유동성.

보라색 타원의 성격인 유동성.

008 괴테의 색채론

우물가 물 흐르는 소리 / 명주천 같은 고운 날개의 잠자리 / 나는 오랜 시간 지켜보고 있다 / 짙어지기도 하고 연하게도 보이고 / 카멜레온처럼 / 빨갛게 또는 파랗게 / 파랗게 또는 초록으로 / 아! 가까이 다가가서 / 저 색을 볼 수 있다면 / 휘익 날아서 떠오르고, 잠시도 쉬지 않아 / 잔잔한 버드나무에 앉는다 / 아, 잡았다! / 천천히 자세히 보면 / 음울한 짙은 푸른 빛깔 / 온갖 기쁨을 분석하는 / 그래도 같은 생각을 맛보겠지.

－ 괴테의 시「기쁨」

독일의 대문호인 요한 볼프강 폰 괴테는 젊은 시절부터 자연현상에 깊은 관심을 보였다. 색채에 관한 관심도 매우 컸다. 위「기쁨」이란 시에서도 색채에 대한 날카로운 관찰을 느낄 수 있다. 괴테는 철학자, 과학자로도 활동하였다. 특히 자연과학을 연구하는 방법론 중에서『색채론』은 현대에 와서 더욱 주목받고 있으며 색채심리 개념의 정립에도 상당한 영향을 끼쳤다.

괴테는 1786년 이탈리아 여행을 하며 고대와 고전에 눈뜨게 되었다. 나아가 색채 현상에 관심을 갖게 되었고 체계적인 색채 연구를 결심하기에 이른다. 이탈리아 지식인들은 예술을 비롯한 철학, 자연과학 등 다방면에서 색의 탐구에 정열을 쏟고 있었기에 색채 연구는 유럽 지식인들에게는 지대한 관심 분야였다. 괴테는 이탈리아 여행을 마치고 독일로 돌아와서도 꾸준히 색채에 대한 연구를 하였고, 1832년 세상을 떠날 때까지 자신의 저서 『색채론』을 가치 있는 작품으로 여겼다.

『색채론』은 색을 지각하는 주체의 역할을 최초로 강조했다는 점에서 큰 의미가 있다. 괴테의『색채론』은 인간의 감각을 매개로 자연관찰과 경험을 바탕으로 이루어졌으며, 그 중 눈의 감각을 중요하게 생각하였다. 색채란 빛과 눈 사이의 상호작용에서 생겨난 것으로 보았고, 눈 속에 일종의 빛이 있어서 내부 또는 외부로부터 미세한 자극에 색채가 촉발된다고 하였다.

괴테는 「색채가 백색광에 존재한다」는 뉴턴의 이론을 부정하며 「색채는 밝음과 어두움의 만남에서 생겨난다」고 주장한다. 또한 「가장 근본이 되는 색은 노란색과 파란색이며, 나머지는 노란색과 파란색의 결합으로 나타난다」 라고 주장하였다. 즉, 밝은 면이 어두운 쪽으로 다가가면 파란색이 나타나고, 반대로 어두운 면이 밝은 쪽으로 다가가면 노란색이 나타나며, 나머지는 노란색과 파란색의 결합으로 나타난다는 것이다. 그는 노란색과 파란색을 각각 플러스(+)와 마이너스(−)라는 대립적 관계로 표시했는데, 이러한 양극성은 동양의 음양사상과 매우 유사하다.

괴테의 양극성

플러스	마이너스
노란색	파란색
작용	탈작용
빛	음영
밝음	어두움
강	약
따뜻하다	춥다
가깝다	멀다
반발	견인

동양의 양과 음

양	음
빨간색	검은색
동적	정적
빛	어둠
밝음	어두움
강	약
따뜻하다	춥다
가깝다	멀다
확산	축소

베르테르 효과

1774년 발표된 괴테의 소설『젊은 베르테르의 슬픔』은 전 세계 젊은이들의 마음을 뒤흔들었다. 우리나라의 젊은이들도 한 번은 읽어야 하는 고전으로, 주인공 베르테르가 이루지 못할 사랑의 고통에 죽음을 선택하여 짧은 삶을 마감하는 낭만적이고 비극적인 사랑의 이야기다.

이 소설에서 주인공 베르테르가 자살 당시 입었던 청색 재킷과 황색 조끼는 당시 젊은이들 사이에서 대유행이 되기도 하였다. 이 옷차림으로 베르테르처럼 실제로 자살하는 젊은이들도 생겨나 대학가에서는 착용 금지령을 내렸을 정도였다. 유명인들의 자살에 동조하여 따라 자살하는 현상을 베르테르 효과라고 부르기도 한다.

색채심리

001 색채는 마음의 거울이다

앞서 「색은 마음의 언어」라고 하였다. 여기 색채 현상에 숨겨진 인간의 심리를 연구하는 학문이 있다. 색채심리(Color Psychology)는 색채를 통해 사람의 타고난 성격과 마음의 소리, 한 사람이 살아온 삶의 흔적을 발견한다. 나아가 무의식 안에 존재하는 자신을 발견하고 알아가면서 자신의 방어기제, 스트레스 등을 치유하도록 도와준다.

색에 대한 관심은 동양과 서양이 다르지 않았다. 오래 전부터 색에 대한 관심이 컸고 색이 사람에게 미치는 심리현상을 분석하였다. 색에 대한 생각과 방향이 조금씩 달랐을 뿐, 색이 고유한 파장과 진동수를 가지고 있어 자신만의 에너지로 작용한다고 생각하였다. 서양이 실생활에 직접적으로 영향을 미치는 상품의 홍보와 판매, 음식의 맛, 성격 등 다양한 분야에 미치는 영향을 분석하고 연구해왔다면, 동양은 직접적 분석과 연구보다는 색상을 통한 오행, 방향, 계절, 사주, 운명 등 생각과 상상의 관점에서 접근하고 발전시켜왔다.

색채심리는 응용 색채심리, 심층 색채심리로 나뉜다. 응용 색채심리는 색의 이미지, 색의 인상, 색의 특성 등 색의 심리학적 효과를 시각적 분위기 조성에 활용하는 것으로 마케팅이나 건축환경 디자인에 적용된다. 심층 색채심리는 심리학적으로 색을 활용하는 연구로 아동심리학에서 주로 활용된다.

색채치료

색은 물리학, 생리학, 심리학, 경영학, 사회학, 철학, 법학 등 다양한 학문과 밀접하게 관련되어 있다. 그 중에서 색채치료는 색채의 파장을 이용해 질병의 원인을 진단하고 치료하는 대체의학이다. 세계적인 색채치료 전문가 카시마 하루키(Kashima Haruki) 박사는 색의 에너지와 성질이 몸의 통증을 없애거나 심리치료에 도움이 된다고 설명한다.

색채치료 효과

색상	치료 부위와 효과	색상	치료 부위와 효과
자주색	우울증, 저혈압, 생리불순, 노이로제	시안색	심신안정, 불안해소, 화를 가라앉힘
빨간색	빈혈, 무기력증, 노쇠	파란색	심신안정, 피로회복, 염증, 눈의 피로
분홍색	빈혈, 황달, 정력감퇴	청자색	살균, 심신안정
주황색	무기력증, 정력감퇴, 체력증진	보라색	창의성 발휘, 심신안정
노란색	피로회복, 신경질, 염증	흰색	두뇌안정, 심신안정
연두색	피로회복, 심신안정	회색	감정 침착
초록색	피로회복, 안정감, 위로감	검은색	감정 침착
청록색	심리안정, 창의성 발전		

색채심리 검사법

심리를 연구하는 학자들, 특히 색채심리학자들은 오래 전부터 선호하는 색이 어떤 심리를 나타내는지 관심을 가졌다. 그리고 더욱 체계적이고 과학적으로 사람의 심리상태를 이해하기 위해 색채심리 검사법을 연구하고 개발해왔다. 여기서는 헤르만 로르샤흐(Hermann Rorschach), 막스 뤼셔(Max Lüscher), 하워드&도로시 선(Howard and Dorothy Sun)의 색채심리 검사법을 소개한다.

로르샤흐 테스트

서양의 색채검사 중 잘 알려진 방법으로 1911년 스위스의 정신치료학자 헤르만 로르샤흐가 개발하였다. 잉크방울을 종이 위에 떨어뜨리고 종이를 반으로 접었다 펴서 데칼코마니처럼 좌우 대칭으로 만든 그림(로르샤흐 카드)을 사용한다. 카드는 무채색 5장, 유채색 5장의 카드로 구성되며, 각 카드의 크기는 17㎝×24㎝이다.

검사 방법

① 피험자에게 카드를 1장씩 보여준다.
② 카드의 그림이 무엇처럼 보이는지, 왜 그렇게 보이는지, 무슨 생각이 나는지 등을 자유롭게 말하게 하여 피험자의 정신적 상태를 진단한다.

이 과정에서 카드를 보여준 후 첫 반응이 나타나기까지의 시간, 우연한 반응 등이 심리상태를 파악하는 중요한 포인트가 된다. 로르샤흐 테스트 이전에도 잉크 반점을 활용한 검사 등은 이미 존재하였다. 로르샤흐가 최초로 임상적 경험을 분석하여 연구결과로 제시하였을 뿐이다.
로흐샤르 테스트는 실시 및 해석에 전문적인 지식과 통합적인 이해가 요구되기 때문에 오랜 임상경험이 있는 전문가가 실시해야 한다.

막스 뤼셔의 컬러 테스트

세계적인 색채심리학자 막스 뤼셔에 따르면, 각각의 색은 감정적 가치를 지니고 있으며 색의 선호도는 그 사람의 심리상태를 말해준다. 막스 뤼셔의 컬러 테스트는 매우 간단하다. 피시험자(내담자)는 직접 색을 보고 좋아하는 색을 순서대로 나열하면 된다. 한편, 이 컬러 테스트를 타로카드처럼 응용할 수도 있다.

타로카드 응용법

① 색상을 세 번 고른다. 타로카드를 사용하는 경우에는 뒤집혀 있는 카드를 3장 뽑는다.

② 첫 번째 색 또는 첫 번째 카드는 「내담자의 무의식 또는 내담자의 진실한 자아」를 나타낸다. 두 번째 색 또는 두 번째 카드는 「내담자의 현재 상태 또는 내담자의 현재 모습」을 나타낸다. 세 번째 색 또는 세 번째 카드는 「내담자의 미래 모습과 내담자의 미래 모습에 대한 대처방법」을 보여준다.

CRR 검사법

CRR(Color Reflection Reading) 분석법은 영국의 리빙컬러센터 운영자인 하워드와 도로시 선 부부가 개발한 색채심리 검사법이다.

검사 방법

① 다양한 도형으로 이루어진 8가지 색상을 두 줄로 배열한다.

② 이 중에서 가장 마음에 드는 색상을 3가지 고른다. 깊이 생각하지 말고 순간적으로 선택해야 한다.

③ 선택한 색상을 왼쪽부터 순서대로 놓는다.

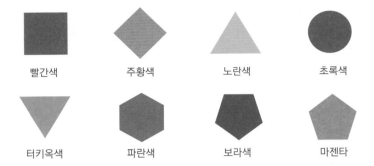

빨간색   주황색   노란색   초록색

터키옥색   파란색   보라색   마젠타

색상 순서의 의미

① 첫 번째 색은 당신의 본질을 나타낸다. 즉 당신이 어떤 사람인지를 말해 준다.

② 두 번째 색은 현재를 의미한다. 지금 당신이 처한 상황과 관련이 있다.

③ 세 번째 색은 미래의 목표를 나타낸다.

색상의 의미

① 첫 번째와 두 번째의 색이 조화를 이룰 때 본질과 현재는 조화롭다.

② 첫 번째와 세 번째 색이 조화를 이룰 때 본질과 목표가 조화롭다.

③ 두 번째와 세 번째 색이 조화를 이룰 때 현재의 도전을 극복하면 목표달 성이 가능하다.

빨간색 RED

① **첫 번째로 선택했을 때** 당신의 성격은 남에게 지배받지 않고 앞장서서 열정적으로 이끌고 나가는 타입이다. 타인보다 먼저 개척하고 창조하 고 시작한다. 대인관계가 적극적이고 사교적이며 정열적이다. 경쟁심 과 추진력, 지도력이 강하고 뻗어 나가려고 하는 성취욕의 에너지가 넘 쳐난다.

② **두 번째로 선택했을 때** 자신감이 부족하고 침체되어 있으므로 조금 더 적극적이고 활기차고 열정적으로 신체적·정신적 힘을 길러야 한다. 힘을 너무 소진하지 말고 조금씩 길러 나가야 한다.

③ **세 번째로 선택했을 때** 너무 과도한 상상력과 욕망으로 현실적이지 못하고 허공에 떠 있는 사람이다. 두 발을 땅에 단단히 붙이고 현실을 직시하고 현재에 집중하고 행동하라. 반드시 기회가 올 것이니 신중하게 자기 것으로 만들어야 한다.

주황색 ORANGE

① **첫 번째로 선택했을 때** 당신은 활기차고 적극적이며 낙천적이고 경쾌한 사람이다. 매사 긍정적인 사람으로 인생을 최대한 즐겁고 행복하게 살아가려고 한다. 명랑하고 적극적이며 용기가 있고 솔직하며 외향적이고 사교적인 사람이다.

② **두 번째로 선택했을 때** 흥분하여 들떠 있지 말고 내면의 자아를 차분하게 돌아보고 매사에 균형 잡힌 감각으로 평온함을 찾아야 한다.

③ **세 번째로 선택했을 때** 즉흥적이고 충동적인 감정과 무모하게 낙천적이거나 모험적인 방식을 줄이고, 깊게 생각하고 신중하게 계획하여 차근차근 준비해 나가야 한다.

노란색 YELLOW

① **첫 번째로 선택했을 때** 당신은 사람과 관계를 맺으면서도 오감을 활용하여 이성, 감정, 논리, 평가, 인식, 판단 등 인간이 지닌 의식적 능력을 발휘하는 사람이다. 상황판단 능력이 뛰어나고 타인보다 우월해지고 지배하려고 하며, 자신의 뜻대로 안 될 때 쉽게 토라지거나 보복하는 타입이다.

② **두 번째로 선택했을 때** 과도한 환상, 꿈, 상상력 등에 빠져 흥분하기 쉬운 상태이므로 정신적·육체적인 안정감을 찾아야 하며, 허상과 허망의 세계에서 벗어나야 한다.

③ **세 번째로 선택했을 때** 과도한 꿈과 상상력을 줄이고 적당한 상상력과 명석한 아이디어로 현실적이고 긍정적이고 철저하고 차분하게 행동해 나가야 한다.

초록색 GREEN

① **첫 번째로 선택했을 때** 당신은 차분하고 배려적이며 균형감각이 있는 사람이다. 지배하려고도 복종하려고도 하지 않고, 내성적이지도 외향적이지도 않다. 매사 극단을 배제하고 균형을 추구하며, 행동을 하기 전에 신중하게 생각하는 타입이다.

② **두 번째로 선택했을 때** 인간애, 자비, 사랑이 있는 사람이기에 사람으로 인한 상처가 있을 수 있다. 불안, 외로움, 시기심, 질투, 환멸 등 감정의 상처를 잘 어루만져야 한다.

③ **세 번째로 선택했을 때** 안정되고 편안하고 대등한 인간관계 속에서 사람들과 어울리고 관계를 맺어가고 서로 소통해 나가야 진정 배려와 베풂에 대한 가치를 깨닫고 사람에 대한 배신감과 외로움을 극복할 수 있다.

터키옥색 TURQUOISE

① **첫 번째로 선택했을 때** 당신은 밝고 맑고, 젊은이의 기상과 신선한 상상력 그리고 창의적인 아이디어가 있는 사람이다. 겉으로는 차분하고 침착하며 대인관계도 원만하고 일처리도 원만하다.

② **두 번째로 선택했을 때** 당신의 따뜻한 배려심과 창의적인 아이디어로 인해 많은 사람들이 당신의 공간을 활용하고 이용하려 할 것이다. 주변사

람들에게 휘둘리지 말고 자기 관리를 철저히 하고 자신의 정체성을 확립할 필요가 있다.

③ **세 번째로 선택했을 때** 미래에 대한 모든 것을 도전이라 생각하고 있으며, 새로운 변화에 대한 대처능력이 부족하여 삶에 굴곡이 있고 복잡해질 수 있으니 변화와 변동이 인생의 한 부분이라고 생각하는 것이 좋겠다.

파란색 BLUE

① **첫 번째로 선택했을 때** 당신은 착하고 배려적이며 부드럽고 온화하고 평화로운 사람이다. 매사에 차분하고 안정적이며 평온하고 영혼이 맑은 사람으로 보인다. 심성이 착하고 정신이 맑은 사람이기 때문에 진실하고 솔직한 기질이 있다.

② **두 번째로 선택했을 때** 현재 당신의 상태는 정신적으로나 육체적으로나 안정적이고 평온한 고요가 있는 상태이다. 조용한 침묵 같은 상태에서 따뜻함이 공존하는 모습이다.

③ **세 번째로 선택했을 때** 평화, 평온, 고요, 상상, 생각, 명상 등의 모습이 자연스럽지만, 현실적이고 세속적인 모습도 길러 나가야 하고 현실의 삶을 직시해야 미래의 희망도 찾을 수 있다.

보라색 VIOLET

① **첫 번째로 선택했을 때** 당신은 신비롭고 그윽하고 정신적인 세계가 충만하며 영적인 의식과 인식이 풍부한 사람이다. 명상, 종교, 기도 등에 관심이 크면서도 현실에 적응력이 있다.

② **두 번째로 선택했을 때** 현재 당신은 다양한 상황을 잘 조합하고 소통하는 능력을 지닌 사람들 사이에서 리더로서 무리와 조직을 이끌고 있다.

③ **세 번째로 선택했을 때** 타고난 창의적 아이디어와 독특한 상상력으로 사

람들 앞에서 자신을 드러내고 나누고 싶어한다. 멘토로서의 기질이 충분하니 차분하고 체계적으로 지혜와 지식을 닦아 나갈 필요가 있다.

마젠타 MAGENTA

① **첫 번째로 선택했을 때** 당신의 성격은 친절하고 부드럽고 온화하여 애교 있고 사려 깊은 사람이다. 주변 사람들에게 따뜻한 애정과 애교로 사랑을 주고 연민을 보낼 줄 안다. 성숙한 인품으로 인생을 깊이 있게 이해하고 타인의 잠재력을 성장시켜주고 격려해주는 타입이다.

② **두 번째로 선택했을 때** 현재 타인에 대한 격려와 성장도 중요하지만, 자신에 대한 사랑과 배려, 격려가 필요한 시기이다. 타인의 욕망과 욕구에 대한 관심만큼 자신의 욕구와 욕망에 대해 생각해야 한다.

③ **세 번째로 선택했을 때** 빨간색의 열정과 추진력, 보라색의 신비로움과 영적인 모습을 잘 결합하고 조화롭게 하여 자신이 지닌 능력을 발휘해 나가면 좋을 것이다.

CRR 검사법의 한계
① 색상을 고르는데 도형이 혼란스럽다.
② 첫째 본질, 둘째 현재, 셋째 목표인데 그 타당성이나 근거가 약하다.

003 재미있는 색채 분석

정신분석학에서 각각의 색채가 의미하는 내용과 나이별·성별 선호도, 그리고 공간 활용법을 표로 정리하였다.

색채의 정신분석

색	방어기제	정신병증	페르소나(Persona)
빨간색	허언증 허세	분열증 쇼핑중독증	밝고 명랑한 사람
분홍색	자아도취(자기애)	나르시시즘	화려하고 섹시한 사람
주황색	활발 대인관계 집중		열정적이고 멋진 사람
노란색	과도한 친절 회피	허언증 리플리증후군	명랑하고 관계성이 좋은 사람
초록색	배려 희생	행복공포증 평강공주증후군	착하고 따뜻한 사람
파란색	인간애 자비	파랑새증후군 행복공포증 평강공주증후군	배려적이고 인간성이 뛰어난 사람
자주색	나르시시즘		자기를 드러내고 싶은 사람
보라색	자기애 환상 과대포장		자신감이 있는 사람, 다른 사람보다 뛰어난 사람
회색		허언증 뮌하우젠증후군 오셀로증후군	정보력이 뛰어난 사람
검은색	의심 걱정 허언증	과대망상 분리불안장애 리플리증후군	똑똑하고 지적인 사람, 성공한 사람
흰색	완벽주의 비판	자폐증 편집증 과민성	완벽한 사람, 능력 있는 사람
갈색	슬픔 비애		지적이고 똑똑한 사람

* 페르소나 : 가면, 인격. 타인에게 파악되는 자아.

색채의 상징표

색	빨간색	노란색	초록색	파란색	보라색	흰색	검은색
연상단어	정열	명랑	상쾌	정숙	고상	청결	불안
	위험	가볍다	신선	차가운	우아	공허	죽음
	흥분	약동	평온	시원	매력	가능성	음산한
	더운	한가로운	안식	해방감	불량	가벼운	힘
	분노	불안	안전	정신	화려	진리	악
	폭발	느슨한	행복	지성	여성적	허탈감	무거운
	압력	긴장	풍요	깊이	촌스러운	결벽	고독
	사랑	위험	생명력	청결	자부심	순결	침묵
	활동적	경솔	건강	슬픔	고독	밝은	어두움
	생명	부드러운	산뜻함	평화	복잡	차가운	씁쓸한
	용기	유쾌	자연	기분 좋은	불안	화려	자신
	기쁨	초조	평온	안식	기품	새로움	남성적
	싸움	발전	미숙	온화	염원	위엄	극한
	잔혹	사랑스러운	청결	안락	신비	방심상태	절대적
	유혹	연약	정적	냉혹	호화로움	매정한	절망
	격렬	활발	침착	우울	무드	냉담	냉혹
	적극		아름다움	섬세	고급	무한	허무
	애정				숭고	무의미	엄숙

나이별 가장 좋아하는 색

여성

색 \ 나이	14~25세	26~49세	50세 이상
검은색	15%	8%	6%
파란색	52%	41%	38%
빨간색	8%	12%	20%
노란색	4%	7%	7%
분홍색	1%	2%	5%

남성

색 \ 나이	14~25세	26~49세	50세 이상
검은색	20%	9%	0%
초록색	12%	16%	20%
빨간색	8%	12%	17%
노란색	5%	6%	8%
보라색	2%	3%	5%

나이별 가장 싫어하는 색

여성

색 \ 나이	14~25세	26~49세	50세 이상
갈색	10%	20%	20%
분홍색	25%	16%	8%
회색	10%	12%	10%
노란색	8%	8%	4%
검은색	3%	5%	12%

남성

색 \ 나이	14~25세	26~49세	50세 이상
갈색	16%	26%	26%
분홍색	29%	17%	7%
회색	9%	11%	20%
검은색	2%	8%	10%
황금색	5%	2%	1%

* 출처 : 에바 헬러 지음, 『색의 유혹』, 예담(2002)

색채의 공간 활용

색	활용 공간	특성
파란색	공부방, 중고등학생방, 아이방, 침실, 남향 거실, 욕실, 병실	하늘, 바다, 평화, 편안, 복지, 배려, 사랑, 희망, 지적, 침착, 냉정, 시원, 신뢰
빨간색	북향 거실, 공연홀, 운동실, 무용실	열정, 행동, 표현, 활동, 따뜻함, 대담, 흥분, 긴장, 자극, 용기, 결단
노란색	거실, 식당, 부엌, 주방, 영업팀실, 운동실, 무용실	관계, 포용, 생기, 발랄, 밝음, 자극, 조화, 생동감, 명랑, 햇살, 태양
흰색	병원, 연구실, 의사 가운, 다른 색과 혼합하여 사용	정리, 정돈, 깨끗, 신선, 차가움, 원칙, 종교, 완벽, 결벽, 강박, 청순, 세련, 순수, 결백
검은색	장례식장, 영화관, 명상실, 기도실, 종교시설, 다른 색과 혼합하여 사용	신중, 침착, 안정, 안전, 걱정, 불안, 우울, 창의, 상상, 창조, 고급, 부, 명예, 권위, 엄숙
초록색	수술실, 수술복, 병원, 거실, 식당, 주방, 휴게 공간	시원, 조용, 평화, 평온, 자연, 순수, 젊음
보라색	연습실, 거실, 식당, 종교시설, 명상실, 기도실	고급, 품격, 몽환, 환상, 예술, 권위, 독선
분홍색	무용실, 연습실, 방송실	예술, 연예, 방송, 표현, 도화
남색	공부방, 도서관, 독서실, 상담실	총명, 명예, 교육, 강의, 강연, 방송, 상담

색채의 영향에 대한 심리 실험

뉴턴의 광학이론에 반대해 20년에 걸쳐 『색채론』을 집필한 괴테는 「색채는 여러 가지 기분을 느끼게 하며 여러 의미를 양산한다」라고 하였다. 시간이 흘러 현대사회에 들어서면서 색채가 심리에 미치는 영향은 중요한 연구대상이 되었다. 브랜드 아이덴티티 개념을 최초로 제시한 미국의 사회학자 데이비드 아커(David A. Aaker)는 「색은 시각적 · 심리적 효과가 매우 큰 요소이다」라고 하였다. 현대 마케팅의 선구자인 미국의 색채심리학자 루이스 체스킨(Louis Cheskin)은 「색이란 마음에 작용한다」란 말을 남겼다.

그렇다면 색채는 어떻게 심리에 영향을 미치는가? 이것을 보여주는 루이스 체스킨의 실험이 있다. 그는 네 개의 작은 방을 준비하고 각각의 방을 빨간색, 파란색, 초록색, 노란색으로 칠했다. 그리고 피실험자들을 각 방에서 일정 기간 생활하게 하고 어떤 변화가 있는지 관찰하였다.

빨간색 방에서 일정 기간 생활한 사람들은 혈압이 높아지고 맥박이 빨라지는 흥분상태가 되었다. 일을 하려고 해도 빨간색의 자극으로 인해 일을 할 수가 없었고, 방에 오래 머물러 있을 수가 없었다.

파란색 방에서 일정 기간 생활한 사람들은 혈압이 낮아지고 맥박이 늦어졌으며, 생기가 없고 몸이 나른해지는 상태가 되었다.

초록색 방에서 일정 기간 생활한 사람들은 혈압도 정상이고 맥박도 정상이며 몸도 정상적인 상태를 유지했다.

노란색 방에서 일정 기간 생활한 사람들도 혈압도 정상이고 맥박도 정상이었으나, 색이 밝아서 눈에 극도의 긴장을 주었고 조금만 활동해도 쉽게 피곤함을 느꼈다.

위의 실험결과도 알 수 있듯이 색은 우리의 심리뿐만 아니라 신체에도 큰 영향을 미친다.

생활 속의 색채

세상 모든 만물은 색을 지니고 있다. 우리는 그 색에 둘러싸여 살아가면서 자연스럽게 그 색이 주는 느낌과 이미지를 표현하고 활용한다.

001　우리말 색채 표현

우리말은 색을 표현하는 말이 매우 다채롭다. 파란색, 빨간색, 흰색, 노란색, 검은색을 나타내는 형용사 「파랗다」, 「하얗다」, 「빨갛다」, 「검다」, 「노랗다」에 각각 다른 글자가 붙거나 모음과 자음이 교체되면서 어감이 큰말과 작은말을 만들어낸다. 이러한 표현들은 사물의 빛깔뿐만 아니라 말하는 사람의 감정까지 생생하게 드러내준다.

파란색　파랗다, 새파랗다, 파르스름하다, 푸르다, 짙푸르다, 푸르스름하다, 퍼렇다, 시퍼렇다, 파릇파릇하다. 예) 새파랗게 질린 얼굴.
빨간색　빨갛다, 뻘겋다, 새빨갛다, 시뻘겋다, 발갛다, 불그죽죽하다, 불그스름하다, 불긋불긋하다, 발그레하다. 예) 새빨간 거짓말.

흰색 하얗다, 허옇다, 새하얗다, 희다, 희끄무레하다, 하야말갛다, 희끗희끗하다. 예) 하얗게 불태웠다.

노란색 노랗다, 누렇다, 샛노랗다, 노릇노릇하다, 노르스름하다, 누리끼리하다. 예) 하늘이 노랗다.

검은색 까맣다, 꺼멓다, 새까맣다, 거무죽죽하다, 거무튀튀하다, 거뭇거뭇하다, 거무스름하다. 예) 시커먼 속셈.

새빨간 거짓말

말도 안 되는 터무니없는 거짓말을 「새빨간 거짓말」이라고 한다. 언제부터 이 말이 쓰였고 어디서 유래했는지에 대해 정설로 밝혀진 것은 없다. 그런데 이 말이 일본말에서 왔다는 설명이 있다. 일본어로 새빨갛다[赤]는 명백하다, 분명하다, 명확하다의 의미로 진(眞)과 통한다는 것이다.

또 한 가지, 무라카미 하루키 수필집에 새빨간 거짓말의 유래가 나온다. 고대 일본 나라시대의 형법에 악질적인 거짓말을 하면 새빨간 떡 열두 개를 한꺼번에 먹여서 질식사시키는 끔찍한 형벌이 있었다고 한다. 불에 뜨겁게 달군 새빨간 떡을 먹여 질식사시키던 형벌이 세월이 지나 「새빨간」으로 축소되어 지금은 「새빨간 거짓말」로 불리고 있다는 이야기이다. 하지만 무라카미 하루키는 이 이야기 자체도 새빨간 거짓말이라고 말한다.

002 색과 관련된 속담

같은 값이면 다홍치마 값이나 조건 등이 같을 바에는 이왕이면 좋고 마음에 드는 쪽을 택한다는 말.

검은 구름에 백로 날아간다 정처 없이 떠돌아다니는 사람을 두고 하는 말.

검은 머리 파뿌리 될 때까지 검은 머리가 파의 뿌리처럼 하얗게 된다 함이니 늙도록 함께하라는 뜻.

까마귀는 검어도 살은 희다 겉모양은 흉하고 보기 싫어도 속은 깨끗하다는 말로, 겉모양만을 보고 모든 것을 판단하지 말고 속마음까지 생각해보자는 뜻.

머리 검은 짐승은 남의 공을 모른다 머리 검은 짐승은 사람을 가리켜 말하는 것이니, 사람이 남의 공을 모르는 것은 짐승보다도 못하다는 말.

붉고 쓴 장 겉으로 보기는 맛좋게 보이나, 맛은 그 반대로 좋지 않을 때 쓰는 말.

숯이 검은색 나무란다 검은 숯이 검은색을 야단친다는 말이니, 자신의 큰 허물을 생각지 않고 남의 작은 허물을 흉본다는 말.

십 년 세도 없고 열흘 붉은 꽃 없다 세도나 부귀영화는 오래 지속되지 못한다는 말.

장님 은빛 보기다 장님이 은빛을 본다고 알아보겠는가? 아무리 보아도 그 진미(眞美)를 알아볼 능력이 없는 경우를 비유적으로 이르는 말.

청보에 개똥 푸른 도자기에 개똥이 들었다는 말이니, 겉으로 보기는 훌륭해 보이지만 속을 헤쳐 보면 볼 것 없다는 뜻.

흰죽의 코 죽과 코는 빛이 비슷하므로 분간하기 어렵다. 이것과 같이 좋은 일과 나쁜 일은 구별하기 힘든 것을 말함.

색시 그루는 다홍치마 적에 앉혀야 한다 새 며느리를 맞이했을 때는 일찍부터 법도를 세워 가르쳐야 한다는 뜻이다.

003   색과 관련된 사자성어

독야청청(獨也靑靑) 홀로 푸르다는 뜻으로, 홀로 높은 절개를 지켜 늘 변함이 없음을 이르는 말이다.

청천백일(靑天白日) 푸른 하늘의 밝은 태양이라는 말로 누구나 다 볼 수 있도록 공개된 상황이나 일을 뜻한다.

청출어람(靑出於藍) 푸른색이 쪽에서 나왔으나 쪽보다 더 푸르다는 뜻으로, 제자가 스승보다 나은 것을 비유하는 말.

초록동색(草綠同色) 풀빛과 초록색은 같은 빛깔이란 뜻으로, 같은 처지의 사람과 어울리거나 기우는 것을 말한다.

홍로점설(紅爐點雪) 큰 화로에 눈을 조금 뿌린 것과 같다는 뜻으로, 순식간에 녹거나 불타버리는 것을 비유하여 이르는 말.

화무십일홍(花無十日紅) 「열흘 붉은 꽃이 없다」라는 의미다. 한번 성한 것이 얼마 못 가서 반드시 쇠하여짐을 이르는 말.

백의종군(白衣從軍) 흰 옷을 입고 군대에 복무함. 즉 벼슬이 없는 말단군인으로 전쟁터에 나가 참전함.

동가홍상(同價紅裳) 같은 값이면 다홍치마라는 뜻으로, 같은 조건이라면 좀 더 낫고 편리한 것을 택함.

근묵자흑(近墨者黑) 먹을 가까이하면 검어진다는 뜻으로, 나쁜 사람을 가까이하면 그 버릇에 물들기 쉽다는 말.

근주자적(近朱者赤) 붉은 빛에 가까이하면 반드시 붉게 된다는 뜻으로, 주위 환경이 중요함을 이르는 말.

일편단심(一片丹心) 변치 않는 한 조각 붉은 마음이라는 말로 참된 충성이나 정성을 뜻한다.

녹의홍상(綠衣紅裳) 연두저고리에 다홍치마라는 뜻으로 젊은 여자의 고운 옷차림을 말한다.

홍동백서(紅東白西) 제사 때 제물을 차려 놓는 순서. 붉은 과실은 동쪽에, 흰 과실은 서쪽에 차리는 격식을 뜻함.

녹수청산(綠水靑山) 초록빛 물과 푸른 산.

백사청송(白沙靑松) 흰 모래와 푸른 소나무라는 뜻으로, 흰 모래톱 사이사이에 푸른 소나무가 드문드문 섞여 있는 바닷가의 아름다운 경치를 이르는 말.

낙조토홍(落照吐紅) 붉은 해를 토하는 석양.

세답족백(洗踏足白) 남을 위하여 한 일이 자신에게도 이롭게 되었다는 뜻.

흑두재상(黑頭宰相) 머리가 검은 재상이라는 뜻으로 젊은 재상을 이르는 말.

흑묘백묘(黑猫白猫) 검은 고양이든 흰 고양이든 쥐만 잘 잡으면 된다는 뜻.

흑색선전(黑色宣傳) 출처를 위장하거나 밝히지 않고 비밀리에 하는 선전.

흑백불분(黑白不分) 검은 것과 흰 것이 뒤섞여 나눌 수 없음.

백구과극(白駒過隙) 「흰 말이 지나가는 것을 문틈으로 보듯이 눈 깜박할 사이」라는 뜻.

청금단령(靑衿團領) 조선 시대 유생들의 예복인 푸른 깃의 단령.

청산가매골(靑山可埋骨) 멀리 보이는 푸른 산 어디든지 뼈를 묻을 수 있다는 뜻으로, 대장부는 반드시 고향에다 뼈를 묻어야만 한다고 생각해서는 안 됨을 이르는 말.

청산녹수(靑山綠水) 푸른 산과 초록색빛 물이라는 뜻으로, 산골짜기에 흐르는 맑은 물을 이르는 말.

청산유수(靑山流水) 푸른 산에 흐르는 맑은 물이라는 뜻으로, 막힘없이 썩 잘하는 말을 비유적으로 이르는 말.

청산일발(靑山一髮) 먼 수평선 저쪽의 푸른 산이 아득히 한 올의 머리카락처럼 보인다는 뜻.

황권적축(黃券赤軸) 불경을 달리 이르는 말. 예로부터 경전은 누런 종이나 누런 비단에 썼고, 경을 둘둘 마는 막대는 붉은빛이었기에 이렇게 부른다.

004 재미있는 띠동물의 색

띠동물에 대해 이야기할 때 간혹 자신이 백말띠이거나 가족 중 누군가가 백말띠라고 하는 사람이 있다. 그래서 언제 태어났는지 물어보면 갑오생(甲午生), 병오생(丙午生), 무오생(戊午生), 경오생(庚午生), 임오생(壬午生)이 모두 있어 제각각이다. 말띠생은 오(午)년에 태어난 사람이 말띠인데, 이들 모두가 백말띠인 것은 아니다. 진짜 백말띠는 무슨 해에 태어났을까? 답을 먼저 말하면 갑오생(甲午生)이 백말띠이다. 갑(甲)은 목(木)이고 파란색이다. 그래서 파란 말, 즉 청마이다. 병오생(丙午生)의 병(丙)은 화(火)이고 빨간색이다. 그래서 빨간색 말, 즉 적마이다. 1966년생은 흔히 백마 띠라고 잘못 알고 있는데 빨간 말이다. 한편 무오생(戊午生)의 무(戊)는 토(土)이고 노란색이다. 그래서 노란 말, 즉 황마이다. 경오생(庚午生)의 경(庚)은 금(金)이고 흰색이다. 그래서 하얀 말, 즉 백마이다. 30년생 경오생(庚午生)과 90년생 경오생(庚午生)들이 바로 백말띠이다. 임오생(壬午生)의 임(壬)은 수(水)이고 검은색이다. 그래서 검은 말, 즉 흑마이다.

다른 띠동물 역시 이렇게 태어난 해의 천간을 보고 어떤 색인지 알 수 있다. 2019년에는 60년에 한 번 돌아오는 「황금돼지해」라고 하여 출산을 장려했는데, 기해년(己亥年)의 기(己)가 토(土)이고 황색이기 때문이다.

태어난 해의 오행과 색

생년 천간	甲·乙	丙·丁	戊·己	庚·辛	壬·癸
오행	목	화	토	금	수
색	파란색	빨간색	노란색	흰색	검은색

005

색에 대한 말, 말, 말

색이 전부다. 색채가 올바르다면, 그 형식이 맞는 것이다. 색이 전부이며 음악처럼 진동한다. 그 전부가 떨림이다.

— 마르크 샤갈(Marc Chagall), 화가.

색채는 훨씬 설명적이다. 시각에 대한 자극 때문이다. 어떤 조화는 평화롭고, 어떤 것은 위로를 주며, 또 어떤 것은 대담하여 흥분을 일으킨다."

— 폴 고갱(Paul Gauguin), 화가.

태양을 노란색 점으로 바꾸는 화가가 있는가 하면, 지적능력과 예술성을 발휘해 노란색 점을 태양으로 변화시키는 화가도 있다.

— 파블로 피카소(Pablo Picasso), 화가.

나는 파란색이 없으면, 빨간색을 쓴다.

– 파블로 피카소(Pablo Picasso), 화가.

색은 우리의 생각과 우주가 만나는 장소이다.

– 파울 클레(Paul Klee), 화가.

당신에게 제일 어울리는 색깔이 세상에서 가장 아름다운 색깔이다.

– 코코 샤넬(Coco Chanel), 패션디자이너.

블랙 없이는 샤넬도 없다. 존재 자체가 불가능하다.

– 칼 라거펠트(Karl Lagerfeld), 패션디자이너.

빨간색은 가장 강렬한 색 중 하나다. 피와 같은 색이다. 빨강에는 눈길을 사로잡는 강력한 마력이 있다.

– 키스 해링(Keith Haring), 팝아티스트.

빨간색은 색의 왕이다.

– 요한 볼프강 폰 괴테(Johann Wolfgang von Goethe), 작가 · 철학자.

사랑하는 친구여 모든 이론은 회색빛이지만 인생의 황금 나무는 초록이라네.

– 요한 볼프강 폰 괴테(Johann Wolfgang von Goethe), 작가 · 철학자.

수많은 색채들이 어울려 하나의 명작을 만들어낸다.

– 헤르만 헤세(Hermann Hesse), 소설가 · 시인.

녹색은 침묵이었다. 빛은 촉촉하게 젖었고 6월은 나비처럼 파르르 떨렸다.

– 파블로 네루다(Pablo Neruda), 시인.

오렌지는 가장 행복한 색이다.

– 프랭크 시나트라(Frank Sinatra), 가수.

빨간색은 스펙트럼의 양쪽에 있기 때문에 감정과 연관되는 흥미로운 색상이다. 한쪽 끝에서 누군가와 사랑에 빠지고, 열정과 그 모든 것에 관한 열병에 걸린다. 다른 쪽 끝에는 질투, 집착, 위험, 공포, 분노와 좌절감이 있다.

– 테일러 스위프트(Taylor Swift), 가수.

인생은 크레용 박스와 같다.

– 존 메이어(John Mayer), 가수.

분홍색은 단순한 색이 아닌 태도다.

– 마일리 사이러스(Miley Cyrus), 가수.

색은 자연이 짓는 미소다.

– 리 헌트(Leigh Hunt), 평론가 · 시인.

자신만의 색깔을 갖는 것은 지극히 위험한 일이다.

– 키에르케고르(S. Kierkegaard), 철학자.

인간이 형태를 바라볼 때는 이성적으로 반응하는데 비해, 컬러를 바라볼 때는 감성적으로 반응한다.

– 루이스 체스킨(Louis Cheskin), 색채심리학자.

색채로 나타내는 주변 세계의 모든 것을 향하여 우리의 감각이 어떻게 작용하고 있는지 물어야 한다. 우선 의식 실험을 하는 것이 좋겠다.

– 루돌프 슈타이너(Rudolf Steiner), 사상가.

조금은 미쳐도 좋아. 지금까지 없던 색깔들을 보려면.

– 영화 〈라라랜드(LaLa Land)〉에서 미아의 대사.

006 몸과 마음을 치유하는 컬러 세러피

컬러 세러피(Color Therapy)란 컬러(Color)와 세러피(Therapy)의 합성어로, 색깔을 통하여 심리적 안정을 얻고 병을 치료하는 방법이다. 색이 가지고 있는 에너지와 성질을 심리진단, 심리치료, 의학 등에 활용하여 불안감, 스트레스 등을 완화시킨다. 나아가 정서를 안정시키고 삶의 활력을 찾게 해주며 심신의 컨디션을 좋게 하는 치료요법이다.

강렬한 태양을 에너지의 근원으로 숭배했던 이집트에서는 태양을 상기시키는 황금색, 노란색 계열의 색을 질병 치료에 사용하였다. 또한 어떤 질환인지에 따라 약물의 색을 다르게 사용했는데, 타박상으로 멍이 들면 보라색 약물을 쓰고, 베이거나 다쳐 피가 나면 빨간색 약을 발랐다.

서기 1세기경 로마 최초의 외과의사인 아우렐리우스 코넬리우스 셀수스가 저술한 의학서적에는 약을 처방할 때 색을 염두에 두고 처방했다고 기록되어 있다. 그는 「빨간색의 약이 환자의 상처를 더 잘 아물게 한다」고 기록하여 컬러 세러피를 의학에 적용했다. 그런가 하면, 한방에서도 질환에 따라 한약재의 색을 달리 썼다. 빨간 홍화는 월경불순이나 혈액순환장애에 처방했고, 검은 숙지황은 머리카락을 검게 만드는 데 이용했다. 색에 신비로운 힘이 있다고 믿었기 때문이다. 현대에 오면서 정신의학의 발달로 색에 따라 뇌가 활성화되는 영역이 다르다는 사실을 밝혀냈다. 건강을 위한 옛사람들의 지혜가 나름의 과학적 근거가 있음을 말해준다고 할 수 있다.

컬러 세러피는 일상생활에서 다양하게 활용할 수 있다. 가장 쉽고 간단하게 할 수 있는 방법이 집안 인테리어를 바꾸거나, 의상 코디에 컬러 변화를 주는 것이다. 색색의 아름다운 보석을 즐기면서 마음의 힐링을 얻을 수 있고, 컬러풀한 그림으로 집안을 장식하여 기분 좋은 변화를 줄 수 있다.

007 보석의 색상과 효과

보석의 색상

호박 적갈색, 노란색.

베릴 밝은 청록색, 짙은 초록색, 빨간색, 노란색, 무색.

크리소베릴 초록색, 빨간색.

산호 주황색, 빨간색.

코런덤 빨간색, 파란색, 노란색, 자주색, 주황색, 무색.

다이아몬드 빨간색, 파란색, 초록색, 노란색, 갈색, 보라색, 무색.

펠드스파 청록색, 노란색, 황금색, 백색.

가넷 짙은 빨간색, 빨간색, 보라색, 노란색, 갈색.

헤머타이트 짙은 회색.

옥 파란색, 초록색, 보라색, 갈색, 회색, 검은색, 백색.

라피스라줄리 짙은 파란색.

말라카이트 초록색.

오팔 회색, 검은색, 백색.

진주 회색, 크림색, 검은색, 백색.

지르콘 빨간색, 주황색, 파란색, 초록색, 고동색, 무색.

페리도트 초록색.

석영 노란색, 자주색, 고동색, 무색.

스피넬 빨간색, 파란색, 보라색.

쿤자이트 보라색.

토파즈 빨간색, 노란색, 파란색, 고동색, 무색.

토르말린 빨간색, 초록색, 자주색.

터키옥(터쿼이즈) 녹색빛 청색.

색상별 효과

초록색 편안한 마음을 유지시켜주고 휴식을 준다. 스트레스를 완화시켜주고 감정을 차분하게 해준다.

파란색 지적이고 이상을 추구한다. 창의적이고 겸손하며 정신적 리더십이 있다.

빨간색 심장을 튼튼하게 해주고 심신을 건강하게 해준다.

분홍색 정신적·육체적 긴장을 풀어준다. 사랑의 감정을 충만하게 해준다.

주황색 생동감으로 주변을 변화시킨다. 일에 있어서 활기와 열정을 불어넣는다.

노란색 대화와 소통을 원활하게 해준다. 명랑하고 활기차게 해준다.

검은색 심신을 건강하게 해준다. 심신을 안정시켜준다.

보라색 감수성을 확장시킨다. 자신을 돌아보게 한다.

흰색(무색) 차갑고 원칙적이며 구체적이다. 기계적이고 완벽하다.

연두색 부드럽고 우아하며 따뜻하다. 여성적이며 이완시켜주는 따뜻함과 여유가 있다.

자주색 관능적이고 예술적이다. 감수성이 예민하고 감정이 솔직하다.

회색 지적이고 과학과 수학 등에 호기심이 많다. 나약하고 유약하며 생각이 많다.

연노란색 활발하고 활동적이며 명랑하다. 대인관계가 원만하고 소통을 잘한다.

008 그림의 색채

좋아하는 화가의 그림을 감상하는 것은 놓치기 싫은 즐거움이다. 게다가 그림을 보는 것만으로도 컬러 세러피가 가능하다. 미술치료는 컬러 세러피의 한 종류로 그림을 그리거나 명화를 감상하면서 심리적 안정감을 얻는 것이다. 또한 자신이 현재 느끼는 감정을 그림으로 표현하는 것만으로도 스트레스 해소에 큰 도움이 된다.

세계적인 화가들마다 자신들의 그림을 대표하는 색이 있다. 그 그림들을 일상에서 접하며 컬러 세러피로 활용하면 좋을 것이다.

레오나르도 다빈치(Leonardo da Vinci)

이탈리아의 화가 · 건축가 · 조각가(1452년~1519년). 다방면에서 활약한 천재이며 르네상스 시기 대표적인 인물. 15세기 르네상스 미술은 그에 의해 완벽한 완성에 이르렀다고 평가받는다. 조각 · 건축 · 토목 · 수학 · 과학 · 음악에 이르기까지 다양한 방면에 재능을 보였다. 그림 실력 그 자체로도 출중하였지만 새로운 화법을 시도하는데 두려워하지 않고 이탈리아 최초로 기름을 사용한 유화를 시도한 화가들 중 하나였다.

주요작품 〈모나리자〉, 〈최후의 만찬〉, 〈암굴의 성모〉, 〈성모자〉 등.

장점 이미지 적극적인, 강력한, 정열적인, 역동적인, 자신감 있는, 용기 있는, 힘찬, 화려한, 믿음직한, 강인한, 풍부한, 끈기 있는.

단점 이미지 자기 주장이 너무 강한, 독선적인, 독불장군인, 고집 센.

빈센트 반 고흐(Vincent van Gogh)

네덜란드 출신의 프랑스 화가(1853년~1890년). 비극적일 정도로 짧은 삶을 살다갔음에도 불구하고 세상에서 가장 유명한 미술가 중 한 사람. 네덜란드에서 활동할 때의 어둡고 칙칙한 색채는 초기 작품의 특징이다. 그러나 1886년 프랑스로 이주하면서 인상파와 신인상파의 영향으로 꼼꼼한 터치와 타는 듯한 색채를 쓰면서 반 고흐 특유의 화풍을 탄생시켰다. 노란색과 파란색을 즐겨 사용하였다.

주요작품 〈해바라기〉, 〈별이 빛나는 밤에〉, 〈아를의 침실〉, 〈아를의 여인〉, 〈푸른 밀밭〉, 〈아이리스〉 등.

장점 이미지 밝은, 활기찬, 활발한, 적극적인, 명랑한, 개방적인, 생기 있는, 톡톡 튀는, 솔직한, 변화하는, 넘치는, 풍요로운, 새로운.

단점 이미지 벗어나는, 혼란스러운, 파괴적인, 어지러운, 어수선한, 품격이 없는, 복잡한.

폴 고갱(Paul Gauguin)

프랑스 후기인상파 화가(1848년~1903년). 문명세계에 대한 환멸과 혐오감을 안고 남태평양 타히티섬으로 갔고, 거기서 원주민들의 순수하고 건강한 인간성과 열대의 밝고 강렬한 색채가 그의 예술을 완성시켰다. 그의 상징성과 내면성, 비자연주의적 경향은 20세기 회화의 출현에 근본적 역할을 하였다. 빈센트 반 고흐, 폴 세잔과 함께 20세기 현대미술에 지대한 영향을 미친 작가로 꼽힌다. 소설『달과 6펜스』의 주인공으로도 유명하다. 노란색과 붉은색을 즐겨 사용하였다.

주요작품 〈황색의 그리스도〉, 〈타히티의 여인들〉, 〈부채를 든 여인〉, 〈해변의 말 탄 사람들〉, 〈빨간 원피스를 입은 여인〉 등.

장점 이미지 절제된, 고고한, 신비적인, 몽환적인, 억제된, 끈기 있는, 묵직한, 중후한, 강인한.

단점 이미지 우울한, 어두운, 고독한, 쓸쓸한, 외로운, 위압적인, 폐쇄적인, 부정적인, 속을 알 수 없는.

마르크 샤갈(Marc Chagall)

러시아 출신의 프랑스 화가이자 판화가(1887년~1985년)로 색채의 마술사라 불린다. 러시아의 비데브스크에서 출생하여 1910년 프랑스 파리로 왔다. 샤갈 그림의 주제는 지상의 중력의 법칙에서 벗어난 영원의 사랑이다. 그의 세상은 이성과 상식이 통하지 않고 마법적 환상으로 가득 차 있다. 인간이나 동물들, 특히 연인들이 하늘을 자유롭게 나는데, 이 사랑의 신화의 그림이 신선하고 강렬한 색채이며 인생 후기로 갈수록 뚜렷해졌다. 그의 그림에는 다양한 푸른색 계열 색채가 등장한다.

주요작품 〈꽃다발과 하늘을 나는 연인들〉, 〈푸른 빛의 서커스〉, 〈에펠탑의 신랑신부〉, 〈나와 마을〉, 〈초록색 당나귀〉 등.

장점 이미지 온화한, 차분한, 조용한, 진심이 있는, 품격 있는, 품위 있는, 고급스러운, 점잖은, 휴식의, 진지한, 자연스러운, 그리운, 사색하는, 내추럴한, 소박한.

단점 이미지 애착이 심한, 보잘것없는, 볼품없는, 폐쇄적인, 집착하는.

알프레드 시슬레(Alfred Sisley)

프랑스에서 활약한 영국의 화가(1839년~1899년). 대표적인 인상파 화가로 모네, 르누아르 등과 친숙하게 지냈다. 인상파 중에서도 특출하게 순수한 풍경화가로서 다른 인상주의 화가들과는 달리 부드럽고 온화하며 서정적인 화풍이다. 일드프랑스(파리를 중심으로 한 주변 지방)의 자연을 중심으로 하늘과 그 하늘빛에 따른 물빛의 변화를 특히 주목해 그렸다.

주요작품 〈봄의 생제르맹 언덕에서〉, 〈루브시엔느의 눈 내린 길〉, 〈쉬렌의 센강〉, 〈모네의 다리〉, 〈모레의 교회〉, 〈세브르로 가는 길〉 등.

장점 이미지 밝은, 활발한, 명랑한, 상쾌한, 쾌활한, 즐거운, 개방적인, 청결한, 생동감 있는, 생명력이 있는, 자유로운, 유쾌한, 젊은, 약동하는, 솔직한, 신선한.

단점 이미지 쾌락적인, 경박한, 얇은, 깊이가 없는.

오귀스트 르누아르(Auguste Renoir)

프랑스의 화가(1841년~1919년)로 따뜻한 화가의 대명사. 가난한 양복점집에서 태어나 13세부터 도자기공장에 들어가 도자기에 그림 그리는 일을 했는데, 이곳에서 색채를 익힌 것이 뒤에 큰 도움이 되었다. 인상파 그룹의 한 사람으로서 빛나는 색채표현을 전개했는데, 그들 중 가장 아름답고 뛰어나게 화려한 멋을 선보인다는 평을 받는다. 부드럽고 따뜻한 화풍을 가졌으며 그림 전체가 화사하고 부드럽다.

주요작품 〈두 자매〉, 〈책 읽는 소녀〉, 〈이렌 캉 당베르 양의 초상화〉, 〈특등석〉, 〈샤토에서 뱃놀이하는 사람들〉, 〈뮬랭드라 갈레트〉 등.

장점 이미지 부드러운, 섬세한, 진솔한, 순수한, 솔직한, 순응하는, 달콤한, 앳된, 유아적인, 여성적인.

단점 이미지 무기력한, 연약한, 힘이 없는, 믿음직스럽지 못한, 깊이가 부족한, 표면적인, 자기 주장이 약한.

아메데오 모딜리아니(Amedeo Modigliani)

이탈리아 태생으로 파리에서 활동한 화가이며 조각가(1884년~1920년). 이탈리아에서 젊은 시절을 보내다가 1906년 파리로 이주. 특정한 사조에 참여하지는 않았으나 폴 세잔, 야수파, 입체파, 아프리카 미술 등 다양한 미술양식에서 영감을 얻었다. 연인인 잔 에뷔테른을 모델로 그린 그림들로 잘 알려져 있다. 그의 화풍은 탁월한 데생력을 반영하는 리드미컬하고 힘찬 선의 구성, 미묘한 색조와 중후한 마티에르 등을 특징으로 하며, 긴 목을 가진 단순화된 여성상은 무한한 애수와 관능적인 아름다움을 전달한다.

주요작품 〈파란 눈의 여인〉, 〈큰 모자를 쓴 잔 에뷔테른〉, 〈누워 있는 누드〉, 〈잔 에뷔테른의 초상〉, 〈앉아 있는 누드〉, 〈모자를 쓴 여인〉 등.

장점 이미지 온화한, 중후한, 성숙한, 진중한, 진지한, 고상한, 신사적인, 고급스런, 풍부한, 전통적인, 심오한, 차분한, 묵직한, 강력한.

단점 이미지 고집 센, 보수적인, 감정을 알 수 없는, 폐쇄적인, 늙은.

클로드 모네(Claude Monet)

프랑스의 인상파 화가(1840년~1926년). 인상파 양식의 창시자 중 한 사람으로 그의 작품 〈인상, 일출〉에서 「인상주의」라는 말이 생겨났다. 「빛은 곧 색채」라는 인상주의 원칙을 끝까지 고수했으며, 연작을 통해 동일한 사물이 빛에 따라 어떻게 변하는지 탐색했다. 말년의 〈수련〉 연작은 자연에 대한 우주적인 시선을 보여준 위대한 걸작으로 평가받는다.

주요작품 〈인상, 일출〉, 〈수련〉, 〈건초더미〉, 〈해질녘〉 등.

장점 이미지 심오한, 추상적, 맑은, 신비한, 변화하는, 깊이 있는, 대담한, 거대한, 자유로운, 꿈꾸듯.

단점 이미지 어두운, 슬픈, 애도하는, 흐릿한, 불투명한.

009 별 자 리 와 색

각각의 별자리는 그 별자리를 지배하는 행성과 색이 정해져 있고, 별자리 기간에 따라 탄생석이 있다.

별자리	지배행성	자리색	명리색	탄생석
양자리 3/21~4/20	화성 Mars	빨간색	묘(卯) 파란색 진(辰) 초록색	루비
황소자리 4/21~5/20	금성 Venus	초록색	진(辰) 초록색 사(巳) 보라색	사파이어
쌍둥이자리 5/21~6/20	수성 Mercury	보라색	사(巳) 보라색 오(午) 빨간색	자수정
게자리 6/21~7/22	달 Moon	은색 흰색	오(午) 빨간색 미(未) 주황색	진주 은
사자자리 7/23~ 8/23	태양 Sun	황금색 노란색	미(未) 주황색 신(申) 분홍색	금
처녀자리 8/24~9/23	수성 Mercury	파란색	신(申) 분홍색 유(酉) 흰색	사파이어
천칭자리 9/24~10/23	금성 Venus	초록색	유(酉) 흰색 술(戌) 회갈색	사파이어
전갈자리 10/24~11/22	화성 Mars	빨간색	술(戌) 회갈색 해(亥) 회색	루비
사수자리 11/23~12/21	목성 Jupiter	파란색	해(亥) 회색 자(子) 검은색	다이아몬드
염소자리 12/22~1/20	토성 Saturn	검은색	자(子) 검은색 축(丑) 흑갈색	다이아몬드
물병자리 1/21~2/19	천왕성 Uranus	검은색	축(丑) 흑갈색 인(寅) 남색	다이아몬드
물고기자리 2/20~3/20	해왕성 Neptune	보라색	인(寅) 남색 묘(卯) 파란색	자수정 진주

* 자리색 : 12별자리의 색.

* 명리색 : 사주명리학에서 12지지의 오행색.

재미있는 색채 이야기

001 　파란색 계열

초록빛 그린뉴딜

우리 눈에 가장 편안하게 느껴지는 색은 초록색이다. 심리적으로는 스트레스와 격한 감정을 차분하게 가라앉히며, 균형을 잡아주는 역할을 한다. 싱그러운 초록식물을 보면 기분이 상쾌하고 심신이 편안해지는 이유가 여기에 있다.

이 초록의 이미지를 차용한 캠페인이 있다. 바로 「그린뉴딜(Green New Deal)」이다. 그린뉴딜은 환경의 「그린」과 대공황 시기 미국 루스벨트 대통령의 경기부양책 「뉴딜」을 합친 것으로, 기후변화와 경제적 문제를 함께 해결하기 위한 정책이나 법안을 말한다. 즉 신재생에너지 등 친환경 기반 산업과 사회간접자본에 대규모로 투자해 경제성장과 일자리 창출을 도모하자는 정책이다. 세계적인 경제학자 토마 피케티(Thomas Piketty) 교수 역시 코로나 19사태로 인한 경제적 충격을 해결하기 위해 환경 분야에 집중적인 투자를 하는 「그린뉴딜」이 필요하다고 제안하기도 했다.

21세기에 접어들면서 지구온난화로 이상기후 현상이 심해지고 있다. 2021년만 해도 세계적인 이상기후가 지구촌 여기저기를 덮쳤다. 한쪽에서는 초대형 산불과 40도가 넘는 폭염으로 몸살을 앓는가 하면, 또 다른 한쪽에서는 폭우와 홍수로 도시가 범람해 수많은 이재민이 발생했다. 이상기후의 심각성을 피부로 느끼지 못했던 사람들도 TV에서 전해지는 소식에 경각심을 갖고 환경을 지키기 위한 그린 정책에 관심을 갖게 되었다. 이제 1회용 비닐봉투 대신 에코백을 사용하는 사람, 테이크아웃 1회용 컵 대신 텀블러를 사용하는 사람을 많이 볼 수 있다.

푸른빛 우울함

파란색을 뜻하는 블루(Blue)에는 「우울」이라는 뜻이 담겨 있다. 가장 흔하게 쓰는 표현이 바로 월요병이다. 일요일 저녁, 학생과 직장인은 지나간 토요일과 일요일을 그리워하며 다가올 월요일을 걱정하기 시작한다. 아직 일요일이 남아 있는데도 말이다. 월요일 아침, 무거운 눈꺼풀을 억지로 들어 올리며 무거운 발걸음으로 학교나 직장으로 향해야 한다면 「먼데이 블루스(Monday Blues)」, 즉 월요병을 느낄 수밖에 없을 것이다. 먼데이 블루스는 월요일에 심리적 압박감이 매우 커서 다른 요일보다 자살 위험이 가장 커서 생겨난 말이다.

블루의 우울감에서 비롯된 말이 하나 더 있다. 「코로나 블루」는 작년부터 코로나19 때문에 더 이상 평범한 일상생활을 즐기지 못하고 제한을 받으면서 생긴 우울감이나 무기력증을 뜻한다. 문화체육관광부와 국립국어원은 「코로나 블루」를 대체할 쉬운 우리말로 「코로나 우울」을 선정했다고 한다.

한편 프랑스어 표현인 뢰르 블루(l'heure bleue)에서 유래한 「블루 아워(Blue Hour)」는 해뜰녘과 해질녘의 빛이 어스름하게 남아 있는 시간대를 의미한다. 하늘이 완전히 어둡지도 그렇다고 밝지도 않으면서 푸르스름한 빛을 띠어 매우 오묘한 분위기를 자아내는 시간대로, 프랑스 사람들은 「개와 늑대의 시간」이라는 은유적인 표현으로 부르기도 한다.

영원한 청춘 블루진

블루진은 청바지를 말하는데, 본래 파랗게 염색된 데님 스타일이었다. 블루진은 19세기 골드러시 시대를 상징한다. 1840년대 당시 미국 샌프란시스코에서 금광이 발견되어 수많은 사람들이 금을 캐기 위해 모여들었고, 금광 주변 일대는 천막촌이 형성되었다. 금광일은 험하다 보니 바지가 쉽게 헤지게 되었고, 이를 본 독일계 유대인 리바이 스트라우스(Levi Strauss)가 천막용 천으로 바지를 만들었다. 이렇게 만들어진 바지를 미국의 광부, 농부, 목동 등이 작업복으로 즐겨 입게 되었고, 이것이 청바지의 시초가 되었다.

이 바지가 청색이 된 데에는 여러 이유가 있다. 당시 금을 캐러 다니는 광부들을 가장 괴롭히던 것은 뱀과 파충류였다. 파충류가 파란색을 싫어한다는 말이 돌면서 광부들은 데님을 인디고(Indigo)로 염색해서 입기 시작했다. 인디고의 파란색은 대청이라는 작물에서 얻은 것으로, 대청을 말려 사람이나 동물의 오줌에 담가 햇빛에 발효시키면 푸른색의 염료가 나왔다. 인디고는 값이 쌌고 염색한 후 햇빛에 잘 바래지지도 않아 노동자들에게 인기가 좋았다.

지금은 남녀노소 누구나 청바지를 평상복으로 즐겨 입지만, 청바지는 영화배우 제임스 딘(James Byron Dean)과 함께 청춘의 상징이었다. 그가 자동차 사고로 사망한 지 나흘째 되던 1955년 10월 3일 〈이유 없는 반항(Rebel Without a Cause)〉이 개봉되었는데, 이 영화에서 딘이 입은 청바지는 반항의 상징으로 여겨지며 미국 사회에 센세이션을 일으켰다.

문학을 사랑하는 블루스타킹

블루스타킹(Bluestocking)은 여성에게 전통적으로 요구되는 삶인 자녀의 양육, 남편의 출세, 살림, 화장, 교회 등에 만족하지 않는 여성들을 일컫던 말

재미있는 색채 이야기

이다. 18세기 중엽 영국 런던에서 부와 미모를 겸비한 사교계의 재원인 몬터규 부인, 비제 부인, 오드 부인 등이 연 문학살롱에서 유래했다.

당시 영국으로 프랑스의 살롱 문화가 유입되면서 살롱과 클럽을 중심으로 수많은 서클과 그룹들이 생겨나기 시작하였다. 대다수의 서클이나 그룹은 사교계 숙녀들이 검정 실크 스타킹이나 하얀 스타킹을 신고 고급스럽게 화장을 하고 살롱에서 이야기를 나누거나 카드놀이를 하였다. 검정 스타킹은 사람의 손으로 직접 매우 섬세하게 만든 수공업제품이어서 대단히 비쌌다. 그리고 이 검정 스타킹은 고급스러운 여성 정장이나 양복과 함께 신는 것으로 되어 있었다. 그에 반해 파란 스타킹은 울로 만든 제품이어서 평상복, 노동복으로 통했다.

여류 작가인 몬터규 부인의 집에서 모이는 이 모임에는 식물학자이자 작가인 벤저민 스틸링플릿(Benjamin Stillingfleet, 1702~1771)도 참여했는데, 그는 근엄한 옷차림을 하고 있으면서도 블루스타킹을 착용해 눈길을 끌었다. 어느 날 스틸링플릿이 모임에 빠지자 몬터규 부인은 "블루스타킹이 빠지니 아무 일도 할 수 없네요."라고 말했다. 토론을 이끄는 그의 리더십이 뛰어났다는 뜻이다. 점차 다른 회원들도 그를 흉내내 블루스타킹을 착용하기 시작해, 모임의 별명이 블루스타킹이 되었다.

블루스타킹은 런던의 다른 사교 모임들과는 달리 학술적이고 문학적인 분위기가 강했으며, 여성 회원들이 적극적이었다. 후에 블루스타킹은 여성 참정권을 주장하는 지식 계급의 여성을 가리키는 말로 쓰였다.

002 빨간색 계열

황제의 색 빨강

중국에서 빨간색이 복을 부르는 색이었다면, 서양에서는 높은 신분을 가진 자들만 누릴 수 있는 특권의 색이었다. 염료와 직물이 매우 비쌌던 시대에는 「천을 휘감고 있다」고 표현할 정도로 천이 많이 필요한 옷일수록 높은 신분의 특권이었다.

중세 시대 염색공장에서 가장 비싼 색은 빨간색이었다. 그러다 보니 빨간색은 강력한 힘과 권력을 가져다 준다는 미신이 있었다. 힘 있고 돈 있는 귀족과 황제가 빨간색을 독점했는데, 신성로마제국의 카를 대제는 자신이 사는 궁전을 빨간색으로 칠했고, 자신과 귀족들만 빨간색 옷을 입게 하고 신하들이나 평민들이 빨간색 옷을 입으면 사형에 처했다.

빨간색 중에서 가장 고귀한 빨강은 퍼플레드였다. 퍼플레드가 권력의 상징이 되면서 황제가 즉위할 때 퍼플레드 외투를 입었다. 추기경이나 최고위직 판사들도 퍼플레드 옷을 입었다. 퍼플레드는 자수정과 같은 보라색이었는데, 보랏빛 퍼플레드는 고대에서 가장 비싼 색으로 비잔틴 제국의 황제 직영 염색공장만이 제조비법을 알고 있었고 제조할 수 있었다. 비잔틴 제국이 몰락하면서 퍼플레드의 제조비법도 사라졌고 일반적인 빨간색으로 대체되었다.

최고급 직물을 염색하는데 사용하는 빨간 염료는 지중해 근교에서 자라는 사철 떡갈나무 잎에 붙어 사는 완두콩만한 크기의 암컷벌레 케르메스에게서 얻었다. 당시 모직 10kg을 붉게 염색하려면 케르메스 14만 마리가 필요했다고 한다. 케르메스를 구하기도 어렵고 생산과정도 까다롭기 때문에 가격도 매우 비쌌다.

산타클로스의 빨간 옷

크리스마스 이브에 착한 아이들에게 선물을 준다는 전설 때문에 어린이들이 너무나 좋아하는 산타 할아버지. 산타클로스라는 이름은 옛날 선행을 베풀었던 것으로 유명한 성 니콜라오 주교에서 비롯되었다고 알려져 있고, 산타클로스 전설은 12세기 프랑스의 수녀들이 성 니콜라오 축일 전날인 12월 5일에 가난한 아이들에게 선물을 주기 시작한 것에서 유래했다고 전해진다.

재미있는 색채 이야기

그런데 산타클로스는 처음부터 지금과 같은 빨간 옷을 입고 있었을까? 현대적인 산타클로스 이미지는 1863년 미국 시사만화가 토마스 나스트가 한 잡지에 풍성한 수염과 뚱뚱한 모습의 산타클로스 삽화를 그리면서 자리잡게 된다. 그 후에 미국의 한 신학자가 쓴 시에 썰매를 끄는 순록, 아이들에게 선물을 주는 산타의 모습이 최초로 등장하게 된다. 이 때의 산타클로스의 옷 색깔은 아직 검은색이었다.

산타클로스가 빨간 옷을 입게 된 것에 대해서는 몇 가지 설이 전해진다. 우선 1931년 미국 해돈 선드블롬이 코카콜라 광고를 위해 그린 그림에서 유래했다는 설이다. 여기서 산타클로스가 입고 있는 빨간 옷은 코카콜라의 상표 색깔이고, 흰 수염은 콜라 거품을 상징한다. 이 코카콜라사의 산타클로스가 대대적인 광고로 전 세계에 알려지게 되면서 현재의 산타클로스 이미지로 자리잡게 되었다는 것이다. 두 번째는 산타클로스가 입은 옷의 빨간색은 본래 주교(추기경)의 수단을 의미한다는 설명이다. 즉 가톨릭의 추기경이 붉은색 옷을 입었기 때문에 천주교 사제였던 성 니콜라스 역시 붉은색으로 표현되었다는 것이다.

최고의 환영 레드카펫

지난 2018년 4월 27일 남북정상회담이 열린 판문점 앞마당에는 문재인 대통령과 김정은 국무위원장이 만나 이동하는 동선마다 레드카펫이 깔렸다. 귀빈을 극진히 영접하는 최고의 예우 표현이었다. 명예와 권위를 상징하는 레드카펫은 국빈 영접에 빠져서는 안 되는 외교적 관례로 정착되어 있지만, 국가행사 외에 영화제와 시상식 등 각종 공식행사에도 널리 사용된다. 배우라면 누구나 레드카펫을 밟고 싶지 않을까.

레드카펫은 기원전 458년 그리스 극작가 아이스퀼로스의 희곡 〈아가멤논〉에서 유래를 찾을 수 있다. 그리스의 도시국가 아르고스의 왕인 아가멤논이 트로이 전쟁에서 승리하고 10년 만에 귀환하자 그의 아내가 붉은색 융단을 깔고 맞이한다. 하지만 아가멤논은 빨강이 신의 색이기 때문에 그 위를 걸을 수 없다고 거부한다.

2008년 중국 쓰촨성 대지진 당시 지진 구조현장을 방문하기 후진타오 주석이 특별 열차편으로 도착했는데, 원래 내려야 할 곳에서 십여 미터를 지난 후 열차가 멈춰 섰다. 쓰촨성 관리들이 열차가 정차할 곳에 레드카펫을 깔아 놓았는데, 그것을 본 후진타오 주석이 레드카펫을 피해 열차를 세운 것이다. 주석은 "지금은 구조작업에 전념해야 할 때"라는 말로 과잉의전을 질책했다고 한다.

레드오션, 블루오션, 그리고 퍼플오션

「치열한 경쟁시장 레드오션에서 살아남는 법.」

여러 광고에서 위와 같은 문구를 자주 보았을 것이다. 레드오션(Red ocean)이란 무엇인가? 이미 잘 알려져 있는 시장, 즉 기존의 모든 산업을 뜻한다. 이는 블루오션과 반대개념으로 붉은(red) 피를 흘려야 하는 경쟁시장을 말한다. 레드오션 시장은 경쟁이 치열해 성공을 낙관하기 힘든 시장이다. 경쟁사들이 많아질수록 수익을 내기 힘들어지고 성장에 대한 전망도 어두워지게 된다.

블루오션(Blue ocean)은 경쟁이 아예 없거나, 또는 잘 알려지지 않아 아직 경쟁이 미약한 미개척 시장을 의미한다. 블루오션을 개척한 사람은 경쟁자가 나타나기 전까지는 일인자로 앞서나갈 수 있다. 물론 현대는 정보사회이므로 언제든 눈치 빠른 경쟁자들이 블루오션에 몰려들어 평화가 깨질지도 모른다.

이 둘의 단점을 보완하고 장점을 살리는 방법은 없을까? 붉은색(Red)과 푸른색(Blue)을 조합하여 퍼플오션(Purple ocean)을 만들어내면 된다. 이는 레드오션 내에서 새로운 변화를 시도해 개척하는 독창적 시장이다. 말하자면 발상의 전환이다. 예를 들면 햇반 같은 즉석밥이 있다. 밥을 인스턴트식품처럼 편리하게 이용하면서도 갓 지은 듯 맛있는 밥맛을 즐길 수 있게 하여 대박을 터트린 것이다.

재미있는 색채 이야기

노란색 계열

이소룡과 노란 추리닝

이소룡 하면 떠오르는 이미지는 쌍절곤과 괴성 같은 기합소리, 그리고 노란 추리닝이다. 이소룡은 유작 〈사망유희〉에서 자신이 직접 디자인하고 홍콩의 재단사가 제작한 노란색 점프슈트를 입었는데, 이 노란 추리닝은 이소룡 하면 바로 떠오르는 그만의 트레이드 마크가 되었다.

이소룡이 〈사망유희〉 촬영 당시 입었던 노란 추리닝이 2013년 홍콩 경매에 등장했다. 이 영화는 이소룡의 유작으로 그는 영화의 완성을 보지 못하고 1973년 의문사했다. 이소룡의 점프슈트는 홍콩의 재단사가 주문 제작한 것으로 영화 촬영 후 세탁을 하면서 처음 만들어졌을 때보다 15cm가량 길이가 줄어든 것으로 알려졌다. 이 점프슈트는 예상가의 두 배가 넘는 높은 가격(한화 1억 660만원)에 낙철되었다.

검은색 도복이나 중국 전통의상을 입고 영화 촬영을 하던 이소룡이 노란색 점프슈트를 선택한 이유에 대해 그의 아내 린다는 이렇게 답했다고 한다. "무술을 하는데 있어서 옷의 형태나 옷의 색이 중요한 것은 아니라는 것을 보여주기 위한 것이었습니다."

왜 사람들은 이소룡이 검은색 도복이나 중국 전통의상을 입은 모습보다 노란색 추리닝을 입은 모습에 그토록 열광하는 걸까? 동양에서 노란색은 황제의 색, 왕의 색으로 최고 존엄만이 입을 수 있는 색이었다. 이소룡 시대에는 동양이 서양보다 경제적으로나 문화적으로 낙후되어 있었다. 이때 노란색 추리닝을 입고 혜성처럼 등장한 액션스타 이소룡에게 동양인들은 열성적인 팬이 되었다.

노란색은 삼원색의 하나다. 노란색은 심리적으로 자신감과 낙천적 심리와 태도를 갖게 하며, 새로운 아이디어를 얻도록 도움을 주는 색이다. 또한 운동신경을 활성화하고 근육에너지를 생성하며 신체기능을 자극하고 상처를 회복시키는 역할을 한다. 동양에서는 황제의 색이고, 오행으로는 토(土) 중앙의 색이며, 성격으로는 믿음 · 신뢰관계 · 소통 · 어울림 · 끈기 · 행복, 그리고 황금과 돈과 권위와 풍요로움을 상징한다. 이소룡의 노란 추리닝은 동양인들에게 희망의 색이고 풍요로운 색이고 열정의 색이었다.

"아뵤오오오오~~~~~~!"

노란색 옷을 입은 이소룡의 괴성은 같은 시대를 살았던 사람들에게 생생하게 기억되고 있다. 황제를 상징하는 노란색 추리닝을 입은 이소룡은 시대의 영웅이었고 추억의 주인공이었다.

황색 언론 옐로 저널리즘

독자의 시선을 끌기 위해서 흉악범죄, 성추행, 성폭행, 성추문 등을 경쟁적으로 과도하게 취재 보도하는 옐로 저널리즘은 헝가리 출생의 조지프 퓰리처에 의해 탄생했다.

퓰리처는 「신문은 옳은 것과 그른 것을 가르치는 도덕교사」라고 믿는 한편, 「재미없는 신문은 죄악」이라는 신념을 가지고 있었다. 이 때문에 그는 만평과 사진을 화려하게 쓰고, 체육부를 신설해 스포츠기사를 비중 있게 다루었으며, 흥미와 오락 위주의 일요판도 처음 시작했다.

1889년 퓰리처가 《뉴욕 월드》 일요판에 황색 옷을 입은 소년 「옐로 키드(Yellow kid)」 만화를 게재했는데, 이를 흉내낸 윌리엄 허스트의 《뉴욕 저널》과의 사이에 선정주의의 치열한 경쟁이 벌어짐으로써 옐로 저널리즘이라는 호칭이 생겼다. 그 이후 선정적 기사를 싣는 신문을 옐로 프레스(Yellow press) 또는 옐로 페이퍼(Yellow paper)라 부르게 되었다.

이후 건강이 악화되어 은퇴를 하게 된 퓰리처는 자신이 옐로 저널리즘의 아이콘이 된 것에 대해 후회를 많이 했다고 한다. 그리고 속죄의 의미로 전 재산을 컬럼비아대학에 기부하면서 모범적인 언론인에게 상을 주도록 하였다. 그의 유언에 따라 1917년 창설된 퓰리처상은 언론계의 노벨상으로 전 세계 언론인들이 동경하는 권위 있는 상이다.

검은색 계열

공포의 블랙 스완

「블랙 스완」 하면 무엇이 생각나는가? 혹시 까만 백조를 떠올렸다면 아니다. 여기서 말하는 블랙 스완은 2008년 세계 금융시장을 대혼란에 빠뜨린 그 블랙 스완과 관련이 있다. 어쩌면 이 블랙 스완에서 검은색이 상징하는 무거움, 두려움, 암흑, 공포, 죽음의 이미지가 더 짙게 풍기는 듯하다.

정확하게 말하면 블랙 스완은 극단적으로 예외적이어서 발생 가능성이 없어 보이지만, 일단 발생하면 엄청난 충격과 파급효과를 가져오는 사건을 가리킨다. 유럽인들은 1697년 오스트레일리아 대륙에서 검은색 백조(흑고니)를 처음 발견하기까지는 모든 백조는 흰색이라고 여겼다. 그때까지 인류가 발견한 백조는 모두 흰색이었기 때문이다. 이때의 발견으로 인해 검은 백조는 「진귀한 것」 또는 「존재하지 않을 것이라고 생각하는 것이나 불가능하다고 인식된 상황이 실제 발생하는 것」을 가리키는 은유적 표현으로 사용되었다.

월가에서 증권분석가이자 투자전문가로 일했던 나심 니콜라스 탈레브 교수가 2007년 월가의 허상을 통렬히 파헤친『블랙 스완(The Black Swan)』이라는 책을 출간하면서 이 용어가 경제 분야에서 널리 사용되기 시작하였다. 그는 블랙 스완이라는 모티브를 통하여 예기치 못한 위기상황으로 글로벌 경제가 휘청거릴 수 있다는 암울한 전망을 내놓았고, 「극단적인 0.1%의 가능성이 모든 것을 바꾼다」라고 주장하며 최악의 파국이 월가를 덮칠 것이라 경고했다. 그리고 그 경고처럼 2008년 서브프라임 모기지에서 비롯된 글로벌 금융위기가 닥쳐오자 블랙 스완이라는 말이 더욱 주목받았다.

흰색 계열

가장 깨끗하고 특별한 화이트

흰색은 무채색 중에서 가장 밝기 때문에 숭고, 순결, 단순함, 순수함, 깨끗함 등의 느낌을 준다. 또한 이 색은 청결, 위생, 정직, 고독, 공허 등의 의미도 내포하고 있다. 심리적으로는 감정이나 사고를 정화해주는 역할을 하며, 해방감을 준다.

중국인들은 복을 부른다고 하여 빨간색을 아주 좋아한다. 우리나라 사람들이 좋아하는 색은 단연코 흰색이다. 물론 정치인들 사이에서는 파란색과 빨간색이 인기가 있고, 2002년 월드컵이 열렸을 땐 우리 국민 모두가 붉은 티셔츠를 입고 붉은 악마가 되어 열심히 응원했었다. 하지만 일상에서 가장 즐겨 입고 선호하는 색은 흰색이다. 화려하지 않아 오히려 질리지 않기 때문이다.

예로부터 흰 옷을 즐겨 입었던 우리나라 사람들을 「백의민족」이라 불렀다. 3세기 삼국지 위서 동이전에 고구려인들과 부여인들이 흰 옷을 즐겨 입었다는 기록이 있으며, 고려시대에도 중국에서는 고려인들은 흰 옷을 즐겨 입는다고 소문이 나 있었다.

조선시대에 들어서면서 본격적으로 백의의 비율이 늘어났다. 백성들이 흰색을 얼마나 좋아했으면 조선의 왕들은 수차례에 걸쳐 파란색 옷을 권장하였고, 숙종은 아예 파란색 옷을 입으라고 국명을 내리기까지 했으며, 현종 때에는 흰옷 금지령을 내렸다고 한다. 그런데 왜 하필 파란색 옷을 입게 했을까? 조선이 중국의 동방에 위치했기 때문에 오방색 중 동방의 색인 청색을 권했던 것이다.

재미있는 읽을거리

세 가지 색 : 레드 (Red)

크쥐시토프 키에슬로프스키(Krzysztof Kieslowski) 감독, 이렌느 야곱(Irene Jacob), 장루이 트린티냥(Jean-Louis Trintignant) 주연의 〈세 가지 색 시리즈 : 블루 · 화이트 · 레드〉의 마지막 작품이자 그의 은퇴작이다. 영화의 레드는 프랑스 국기의 색 블루(자유), 화이트(평등), 레드(박애) 중 레드이다.

발렌틴(이렌느 야곱)은 스위스 제네바대학 학생이며 패션모델로 활동한다. 어느 날 패션쇼를 마치고 귀가하던 발렌틴은 개를 치게 된다. 개의 목에 달린 인식표의 주소지로 개 주인을 찾아갔는데, 개 주인은 마음대로 하라며 냉담한 반응을 보인다.

발렌틴은 개를 치료해준 후 노인을 찾아갔다가, 그가 이웃의 전화를 도청하고 있는 것을 알게 된다. 도청을 하던 노인(장 루이 트린티냥)은 이렇게 말한다. "법정에 있을 때보다 세상 일이 더 잘 보여. 적어도 여기엔 진실이 있지." 발렌틴은 도청 사실을 알리기 위해 이웃집을 찾아갔지만, 불륜을 저지르고 있는 아빠의 전화를 몰래 엿듣고 있는 딸을 보고 되돌아 나온다. 노인은 도청이 죄가 아니라 진실을 알게 되는 것이 더 큰 두려움이라고 말한다.

발렌틴은 노인을 혐오했지만, 그가 법적 도덕성에 회의를 느끼고 조기 은퇴한 법관이었음을 알게 되면서 점차 노인을 이해하게 된다. 발렌틴은 노판사를 따뜻한 손길로 보듬고, 노판사는 점차 자신의 삶에 대한 책임감을 회복하게 된다.

발렌틴의 이웃에는 오귀스트라는 법대생이 살고 있는데, 두 사람은 빈번하게 지나치면서도 서로를 알지 못한다. 오귀스트는 노판사가 도청하는 이웃집 여인의 애인이었다. 이웃을 도청한 일로 법정에 갔을 때 노판사는 그 여인에게 딴 남자가 생긴 걸 보게 된다. 오래지 않아 오귀스트는 애인에게 다른 남자가 생겼다는 사실을 알게 되고, 큰 상처를 받아 페리를 타고 떠나기로 결심한다.

한편 발렌틴은 영국에 있는 애인을 만나기 위해 떠난다. 노판사는 페리호를 타라고 권하고, 폭풍우로 페리가 전복되는 사고가 발생한다. 천여 명의 승객 중 단 7명만이 구조되는데, TV 화면에 오귀스트의 보호를 받으며 구조되는 발렌틴의 모습이 보이고, 안도의 한숨과 기쁨의 표정을 짓는 노판사의 얼굴이 클로즈업되며 영화는 끝이 난다.

이 영화는 주인공 발렌틴이 처음 등장하는 장면부터 빨간색으로 시작한다. 러닝타임 내내 화면에 빨간색이 가득하다. 이 빨간색은 정열의 레드가 아닌 마음을 따뜻하게 해주는 사랑(박애)이었던 것이다.

PART
2

색채타로의
종합분석과 활용

색채타로 상담에 앞서

001

상담이란 마음을 읽는 것

예전에는 몰랐다. 사람을 상담할 때 어떤 무게를 품고 대해야 하는지 이제는 알 것 같다. 사람을 상담한다는 것은 내 인생의 무게만큼, 상담의 시간만큼, 그 사람의 인생의 무게를 잠시 지고 가는 것임을 깨닫게 된다. 사람을 상담한다는 것은 내 존재 안에 그 사람의 존재를 온전히 받아들이는 것임을 다시 느낀다. 상담가가 공부해온 운명학과 점술, 내담자 그 사람이 걸어온 길의 속도를 조절해 발걸음을 맞추면서 그에게 나침반이 되어주어야 한다는 것을 이제는 안다. 내담자가 인생에서 길을 잃고 헤매지 않게, 길을 잃고 떠돌지 않게 하는 것, 그것이 상담가의 진정한 몫이다.

색채타로 상담자는 사람이 가지고 있는 마음, 즉 내면의 어두운 부분과 밝은 부분에 대해 분석하고 읽어준다. 어떻게 가능할까? 각각의 색채로 사람을 이해하고 사람의 심리를 읽어낼 수 있기 때문이다. 심리학 중에 「색채심리학」이 탄생한 이유가 여기에 있다. 색채타로는 색채심리학에서 비롯되었으며, 색깔만 있는 색채카드를 통해서 사람의 심리를 읽고 사람의 심리를 분석해낸다. 색채카드를 타로처럼 활용하여 리딩과 상담을 진행하기 때문에 색채카드를 색채타로라고 부르는 것이다.

그러나 타로카드, 색채타로, 주역카드로 사람의 마음을 읽고 사람의 심리를 분석하여 상담하는 데 목적을 두지 않고, 내담자의 미래를 점치는 데 연연하는 것이 현실이다. 누군가의 인생에 상담자가 지나치게 관여하는 것은 절대 금물이다. 누군가의 삶을 100% 알아맞힐 수 있다는 지나친 욕심을 버려야 한다. 내담자 또한 점술이 자신의 미래를 책임질 수 있다는 지나친 기대나 환상에서 벗어나야 한다.

002 색채타로 상담시 주의사항

색에 따라 특정한 감정이나 감각을 느끼는 것이 알려지면서 색채는 심리연구에 많이 활용되고 있다. 색채타로 또한 운명 분석보다는 심리 분석에 더 많이 응용되고 있다.

주의할 점은 심리 분석이나 운명 분석 모두 내담자에게 상처를 주는 상담을 하면 안 된다는 것이다. 올바른 상담을 하고자 한다면 제대로 이끌어야 한다. 한 사람의 심리와 한 사람의 인생사에 중대한 영향을 미칠 수 있기 때문이다. 색채타로 상담은 그만큼 신중하게 이끌어야 한다.

① 상담자는 진지하게 임해야 한다.
상담자가 가볍게 또는 장난스러운 태도로 대하면 안 된다. 상담자가 느끼기에는 가벼운 일이지만 내담자(질문자)에게는 매우 큰 일이 될 수도 있음을 명심해야 한다.

② 정신을 집중해야 한다.
상담자는 내담자의 눈빛, 몸짓, 언어표현 등을 하나도 놓치지 않도록 집중하여 리딩에 임해야 한다. 내담자의 말과 마음을 충분히 경청하고 공감한다는 자세로 정신을 집중해야 한다. 상담자뿐만 아니라 내담자도 정신을 집중하고 진지하게 상담에 임해야 한다.

③ 색채타로 배열법은 미리 자신의 방법대로 준비해 놓으면 좋다.

질문에 따라 어떤 배열을 할지 미리 생각해두면 배열법 때문에 고민할 필요 없이 리딩에 집중할 수 있다.

④ 색채타로의 리더는 카운슬러이다.

내담자에게서 질문을 받은 후 상담자는 바닥에 배열한 색채카드와 내담자의 표정, 말 등을 종합하여 상담해야 한다. 상담자가 미래의 예측을 100% 확신에 차서 과감하게 표현한다면 위험한 상담이다. 많은 상담자들이 미래의 모든 것을 예측하는 것처럼 확신에 찬 상담을 하는데, 이는 매우 부정적인 상담이다.

예를 들어, 내담자가 세상사에 흥미도 없고 부정적인 사람인데 색채타로 리더의 상담에 따라 자기 인생을 마무리하겠다고 결심한다면 어떨까? 상담자의 부정적인 말 한 마디에 내담자의 생명이 달려 있다고 할 수 있다. 불길한 카드, 부정적인 카드가 나왔다고 실제로 무조건 부정적인 일이 일어난다는 것이 아니다. 「안 좋다」라는 표현보다는 「조심하면 좋겠다」라는 표현을 사용하는 것이 올바른 상담자의 자세이다. 색채타로 리더가 내담자의 인생을 대신 살아줄 수 없고 그의 인생에 관여할 수 없다. 상담자는 내담자의 조언자로서 내담자가 자신의 삶에 희망을 갖고 잘 이끌어갈 수 있도록 도와주는 역할에 만족해야 한다.

⑤ 같은 질문으로 반복해 점을 치면 안 된다.

색채카드를 배열하여 부정적으로 나오면 상담자나 내담자나 배열된 카드를 부정하고 싶은 마음이 들고 다시 한 번 점을 치고 싶은 마음이 간절해진다. 그러나 똑같은 질문을 반복해 점을 치면 점을 불신하는 것이다. 그 점은 올바른 대답을 알려주지 않는다. 그리고 불신이 반복되면 앞으로 다른 사람의 다른 점을 칠 때도 부정확한 답을 줄 수 있다.

질문 후 점을 친 내용이 부정적이라 할지라도 그 안에는 반드시 희망이 있다. 때로는 그 희망을 찾아주는 것이 색채타로 리더의 역할이다. 타로는 훌륭한 상담자의 모습으로 우리에게 다가올 것이기에 마음을 열고 적극적으로 대하면 우리가 가지고 있는 질문에 대해 따뜻한 해답, 희망을 주는 해답을 알려줄 것이다.

카드 상담에서 하지 말아야 할 것

- 음주 후 카드점을 치지 않는다.
- 장난으로 카드점을 치지 않는다.
- 지금으로부터 1년 이후의 카드점을 치지 않는다.
- 배열법에 집착하지 않는다.
- 키워드에 집착하지 않는다.
- 운(運과) 명(命)을 점치지 않는다.
- 노력하지 않는 일을 점치지 않는다.
- 노력해서 가능한 일을 점치지 않는다.
- 100% 불가능한 일로 점치지 않는다.
- 죽음에 관한 일로 점치지 않는다.

카드 상담에서 해야 할 것

- 진지하게 카드 상담에 임한다.
- 믿음을 가지고 카드 상담에 임한다.
- 노력한 후 카드 상담에 임한다.
- 최대한 1년 이내의 질문을 한다.
- 가능한 3개월 이내의 질문을 한다.

색채타로 상담에 앞서

- 점에 관한 일만 질문한다.
- 집중하여 질문한다.
- 가장 중요한 것에 대해 질문한다.
- 누구, 시간, 장소 등 정확하게 질문한다.
- 구체적인 것에 대해 질문한다.

색채타로 종합분석

2

001　색채의 분류

색채는 좋고 나쁨이 없다. 좋은 과일과 나쁜 과일은 없지만 자신이 좋아하는 과일 싫어하는 과일이 있듯, 색채에도 자신에게 어울리는 색 어울리지 않는 색이 있을 뿐이다. 사람에게 각자 어울리는 색과 어울리지 않는 색이 있듯이, 건강도 사물도 직업도 직무역량도 성격도 금전도 색마다 다른 특징이 있고, 각각 어울리는 색과 어울리지 않는 색이 있다.

예를 들어, 파란색 계열의 건강은 간과 쓸개, 뼈와 관련되고, 직업은 나무와 관련되거나 타는 물건인 신문, 출판, 의류, 제지, 목공, 서점과 관련이 있다. 빨간색 계열의 건강은 소장, 심장, 혈관 계통(순환기 계통)과 관련이 있고, 직업은 전기와 화려한 것, 즉 전자, 방송, 연예, 예술, 문화 등과 관련된다.

002　오행의 상징성

우리나라는 사계절이 뚜렷하다. 각 계절마다 신은 특별한 기운을 선물했다.

봄은 따스하고 온화하다. 그리고 생동의 기운이 물씬 풍긴다. 생명을 자라게 하고 꿈을 키워 나간다. 봄이 무르익으면 날이 더워지면서 여름이 찾아온다. 뜨거운 태양처럼 여름은 열정이 넘친다. 나무는 열심히 땅에서 물을 끌어올려 어린 열매를 풍성하게 만들려고 온 힘을 다한다. 봄이 어린아이라면, 여름은 혈기왕성한 청년이다. 이어 찾아온 가을은 결실의 계절이다.

같은 공간이지만 봄, 여름, 가을, 겨울의 색깔과 특성이 모두 다르다. 사람도 태어난 시기에 따라 그 계절을 닮아 있다. 각자 태어난 계절에 따라, 혹은 그 지역의 기후에 따라 오행의 편차가 있을 수밖에 없다. 그것은 편향이면서 동시에 개성이다. 사계절의 리듬을 인생이라는 흐름과 연결하면 거기에서 길이 보인다. 흐릿한 삶의 길이 보다 뚜렷하게 보일 것이다.

사람은 봄, 여름, 가을, 겨울을 지내면서 우주의 기운을 눈으로 보고, 피부로 느끼며, 머리로 확인하며 살아간다. 이렇게 사계절로 뚜렷하게 구분되는 우주의 기운을 사주명리학에서는 목(木), 화(火), 토(土), 금(金), 수(水)라는 글자를 써서 제각각 설명한다.

오행은 만물의 생로병사 과정의 단계를 말한다. 우주의 그 무엇도 이 변화의 과정을 겪지 않는 것은 없다. 모든 만물은 다 태어나서 성장하고, 성숙하며, 늙고, 죽어 사라지는 과정을 겪게 된다. 즉 봄은 목(木)이다. 여름은 화(火), 가을은 금(金)이다. 겨울은 차가운 수(水)다. 토(土)는 환절기에 해당한다. 봄에서 여름으로 가는 길목, 여름에서 가을로 접어드는 시기, 가을에서 겨울로 변하는 때, 겨울에서 봄으로 옮겨가는 기운이 토(土)이다. 그리고 각각의 오행에는 색이 정해져 있다. 목(木)은 파란색, 화(火)는 빨간색, 토(土)는 노란색, 금(金)은 흰색, 수(水)는 검은색이다.

003　**오행 활용**

시험, 성격, 직업, 직무역량, 사물, 건강, 금전, 공부, 취업 등 세상의 다양한 관심사를 색으로 분석할 수 있고 해설할 수 있다. 이를 바탕으로 서양의

타로카드와 유사한 색채타로에 응용할 수 있다. 색채타로를 통해 그 사람의 한 해가 어떨지 점을 칠 수도 있고, 그 사람의 현재 심리상태, 일의 대처 능력, 사람과의 관계 등 다양한 내용들을 분석해낼 수 있다.

그러기 위해서는 각각의 색이 나타내는 성격, 건강, 직업, 사업, 금전 등의 분류를 정확하게 해야 한다. 이 책에서는 오행 분류법으로 하였다. 아래의 다양한 오행 분류법을 색채타로에 응용하면 내담자의 심리, 성격, 특성, 기질, 금전운, 합격운, 시험운 등 다양한 인생사를 분석할 수 있다.

오행의 색과 건강

오행	색	건강
목(木)	파란색	간장, 담(쓸개), 뼈, 관절, 수술
화(火)	빨간색	소장, 심장, 혈관 질환과 순환기 질환(고혈압·중풍·뇌출혈)
토(土)	노란색	비장, 위장, 비뇨기과, 산부인과
금(金)	흰색	대장, 폐, 뼈
수(水)	검은색	비뇨기과, 산부인과

오행의 색과 직장

오행	색	직장(공무원·회사원)
목(木)	파란색	목재, 의류, 출판, 신문, 교육, 인사, 복지, 종교, 대민업무 공무원, 교육공무원
화(火)	빨간색	패션, 전자, 제철, 컴퓨터, 자동차, 선박, 방송, 헤어디자이너, 의상디자이너, 태양광, 연예, 예술, 반도체, 통신, 소방공무원
토(土)	노란색	부동산, 건축, 건설, 토목, 컨설팅, 무역, 물류, 중개(결혼정보·부동산중개), 농축산, 토목공무원
금(金)	흰색	자동차, 반도체, 기계, 컴퓨터, 물류, 전자, 외과의사, 치과의사, 산부인과의사, 헤어디자이너, 의상디자이너, 반도체, 통신, 소방공무원, 경찰공무원, 군인
수(水)	검은색	수산, 연구, 지식, 의사, 벤처, 특허, 플랫폼, ICT(정보통신기술), 게임, 은행, 금융, 해양, 대민업무 공무원, 세무공무원

오행의 색과 사업

오행	색	사업
목(木)	파란색	교육사업, 복지사업, 출판사업, 목재사업, 건축사업, 언론사업, 의류사업
화(火)	빨간색	패션사업, 예술사업, 태양광사업, 연예사업, 재철사업, 유튜브사업, 영상사업
토(土)	노란색	무역사업, 연예사업, 중개사업, 부동산사업, 농축산업
금(金)	흰색	기계사업, 제조사업, 금속사업, 기술사업, 공학사업
수(水)	검은색	수산사업, 지식산업, 특허사업, 연구사업, 벤처사업

오행의 색과 재물

오행	색	재물
목(木)	파란색	주식, 인쇄, 상표권, 전세계약서, 월세계약서, 상담, 교육, 의상, 복지, 농축산물
화(火)	빨간색	예술(그림·음악·무용), 연예(배우·가수·탤런트·개그맨), 패션, 공연
토(土)	노란색	부동산(아파트·단독주택·땅·산), 매매계약서, 농축산물
금(金)	흰색	비트코인, 보석(황금·다이아몬드), 기계, 반도체, 자동차
수(水)	검은색	저작권, 특허권, 수산물, 해양, 연구개발, 아이디어

004 색채타로의 종합분석

여기에서는 총 24장의 색채타로를 종합적으로 분석한다. 개별 카드의 분석으로 넘어가기 전에 어떤 순서로 어떻게 카드를 분석하는지 먼저 읽어두면 이해에 도움이 될 것이다.

색상의 특성과 성정

각 색상의 기본 특성과 의미를 색채심리와 색채타로 관점에서 설명한다.

색상의 연상·색상의 키워드

각 색상마다 떠오르는 단어와 키워드를 제시한다. 이 연상 단어와 키워드를 심리 분석과 색채타로에 활용할 수 있다.

색채심리 활용

색채심리에서는 개개인이 지닌 장점을 살리고 단점을 보완하는 데 색상 선택이 중요하다고 강조한다. 예를 들어 생각이 너무 많고 걱정이 많은 사람은 활발하고 관계성이 뛰어난 빨간색과 노란색 의상을 입으면 자신감과 적극성을 보완할 수 있다.

색채타로에서는 특정한 질문에 대해 내담자가 어떻게 생각하고 행동할 것인지를 분석할 수 있다.

직업 적성

색채심리에서는 색채와 어울리는 직업 적성이 있다. 특정 색상을 좋아하는 경우 그 색상에 해당하는 직업을 선택하면 적성에 맞는다. 만약 파란색을 좋아한다면 파란색에 맞는 직업을 찾을 수 있다.

또는 사주팔자에 어떤 오행이 많이 존재할 때 그 오행에 해당하는 직업을 선택하면 적성에 맞는다. 예를 들어 사주에 수(水)가 많은 사람의 경우, 수(水)가 검은색이므로 검은색에 해당하는 직업이 어울린다.

색채타로에서는 질문에 따라 선택된 카드의 해석이 달라진다. 직업 적성에 대한 질문에 회색을 뽑았다면 회색에 어울리는 직업을 선택하면 좋다는 것이다.

무언의 메시지와 커뮤니케이션

비록 말로 하지 않아도 행동을 보면 무엇을 원하는지 어떤 생각을 하는지 유추할 수 있다. 마찬가지로 어떤 사람이 선택한 특정 색상을 통해 그 사람이 마음 속으로 말하는 것, 생각하는 것, 바람 등을 짐작할 수 있다.

색상의 집착

특정한 색이 자꾸만 끌리는 경우가 있다. 이렇게 특정한 색에 집착하게 될 때는 자신의 심리와 현재 상태를 점검해야 한다. 사주에 과다한 색상을 활용하고 싶을 때도 마찬가지다. 이미 충분한데 더 바라고 있다는 의미이기 때문이다. 과한 욕망은 행운이 찾아와도 알아차리지 못하게 만든다.

반대로 사주에서 고립되거나 없는 색상을 활용하고 싶어질 때는 마음이 안정되기 시작한다고 보면 된다.

사주의 과다 · 고립에 대해서 더 자세한 설명은 『사주명리학 완전정복』을 참조한다.

과 다 와 거 부

과다란 사주에 과다한 색상을 실생활에서 활용하거나, 사주와 상관없이 하나의 색상만을 활용하거나, 색채타로에서 반복적으로 하나의 색만 뽑힐 때를 말한다.

거부란 사주에서 고립되거나 없는 색상이거나, 현실에서 전혀 활용하지 않는 색상이거나, 색채타로에서 나오지 않는 색상을 말한다.

건 강

각각의 색은 건강을 나타낸다. 사주에서 발달한 색이나 실생활에서 활용이 적당한 색은 그 색이 나타내는 건강이 좋다고 해석한다. 하지만 사주에 너무 과다하거나 무존재와 고립인 색상은 관련된 건강이 좋지 좋다.

색채타로에서는 뽑는 방법에 따라 해석이 달라진다. 어떤 색이 나오는 경우 그 색이 나타내는 건강은 좋다고 보아야 하지만, 같은 색이 반복적으로 많이 나오면 건강을 부정적으로 보기도 한다.

누 가

색채심리에서는 사주에 과다하거나 발달한 색상, 실생활에서 자주 사용하는 색상을 그 색상에 해당하는 성격이나 성향의 사람으로 분석한다.
색채타로에서는 반복적으로 나오는 색상이나 특별하게 뽑힌 색상을 그 색상의 성격이나 성향의 사람으로 분석한다.

언 제

색채심리에서는 사주에 과다하거나 발달한 색상, 실생활에서 자주 사용하는 색상을 그 색상에 해당하는 시기, 즉 계절 · 날짜 · 환경으로 분석한다.
색채타로에서는 반복적으로 나오는 색상이나 특별하게 뽑힌 색상의 시기를 계절, 날짜, 환경으로 분석하는 것이 옳다.

어 디 서

색채심리에서는 색상마다 해당하는 장소가 있다. 어떤 색상이 사주에 과다할 때는 피하는 것이 좋고, 발달했을 때는 적당하게 활용하는 것이 좋다. 고립되거나 무존재인 색은 적극적으로 활용하는 것이 현명하다. 실생활에서 자신에게 부족하다고 생각하는 성격이나 특성을 살리기 위해서는 해당하는 장소를 자주 활용하면 좋다. 반대로 자신에게 과다하다고 생각되는 성격이나 특성을 바꾸고 싶다면 해당하는 장소를 피하면 된다.
색채타로에서는「어느 장소를 가면 좋겠는가?」라는 질문에 대해 선택된 색상의 장소를 활용하면 좋다. 반대로「어느 장소를 피하면 좋겠는가?」라는 질문이라면 선택된 색상의 장소를 피하는 것이 좋다.

무엇을

색채심리에서는 사주에 과다하거나 발달한 색상, 선호하는 색상이 적용된다. 색채타로에서는 특정한 색상을 뽑았을 때 그 색상에 적용하면 된다.

어 떻 게

색채심리에서는 사주에 과다하거나 발달한 색상, 선호하는 색상이 적용된다. 색채타로에서는 특정한 색상을 뽑았을 때 그 색상에 적용하면 된다.

왜

색채심리에서는 사주에 과다하거나 발달한 색상, 선호하는 색상이 적용된다. 색채타로에서는 특정한 색상의 카드를 뽑았을 때 그에 해당된다.

실 전 해 설

색채타로에서 특정 색상의 카드를 뽑았을 때 질문자가 알고 싶어하는 것들에 대해 해석한다(금전 · 사업 · 취업 · 학업 · 매매 · 당선 · 연애).
색채심리에 활용하기에는 적합하지 않다.

예 술 작 품

각 색상을 활용한 그림과 영화이다. 사주에 어떤 색상이 없거나 고립되었을 때 해당 색상의 그림을 인테리어로 활용하거나 영화를 보면 도움이 된다. 색채타로에서 질문에 따라 활용할 수 있다.

빨간색

RED

화
火

● **색상의 특성과 성정**

안전을 상징하는 색채이면서 분노와 복수의 색채이기도 하다. 안전 중에서 금지를 상징하므로 불조심, 접근 금지, 출입 금지, 긴급상황, 그리고 흥분시켜 긴장감을 주는 데 사용하기도 한다. 너무 과도한 빨간색은 피로감을 줄 수 있고 주의가 산만해질 수 있으니 유의해야 한다.

빨간색은 자기 확신과 자신감, 강렬한 열정의 색채이다. 색채 중에서 가장 자극적이고 감정을 고조시킨다. 행동적이고 강하며 정열적이면서 드라마틱하다. 아드레날린 분비가 활발하기에 에너지 발산에 효과가 크다. 활동적이고 감정표현을 잘한다. 외향적이어서 사람을 좋아하고 에너지가 넘치며, 호기심이 왕성하다. 리더십을 필요로 할 때나 커다란 용기가 필요할 때, 결단의 시기에 용기를 주어야 할 때 힘을 주는 색이다. 하지만 감정기복이 심하고 성질이 급하다. 또 시작은 잘하지만 끝마무리가 약하다.

연애와 관련해 빨간색은 지치지 않고 열성적으로 사람과 만남을 지속하기 때문에 연인이 비슷한 성향일 때는 화려하고 모험적인 열애에 빠지지만, 내성적인 연인이라면 쉽게 지치고 피곤해할 수 있다. 열정적인 두 사람이 연인이 되었을 때는 서로 성격이 급해서 욱하다가 다툼이 커질 수 있다. 어떤 상대나 연인 사이도 장단점이 모두 존재하므로 서로 이해하고 배려하는 것이 필요하다.

● 색상의 연상·색상의 키워드

장 점	태양, 불, 피, 혁명, 정열, 열정, 흥분, 적극, 과감, 과단, 소방차, 응급실, 맥박, 용기, 용맹, 도전, 현실적, 정열적, 쾌락적, 감정적, 힘, 에너지, 감각, 환희, 행복감, 사랑의 감정, 본능적, 따뜻함, 사랑하는, 섹시한, 뜨거운, 명쾌한, 야망, 낙관적인, 자유로운, 감성적, 활발함, 강인함, 행동하는, 표현하는, 솔직한.
단 점	공격, 위험, 경고, 다혈질, 위험물, 흥분, 반항, 피, 레드콤플렉스, 야심가, 고집, 지나친 열등감, 공포심, 무절제한 열정, 욕정, 욕망, 지나친 분노, 악마, 고통, 광란, 방화, 폭발, 위급한 병환, 다혈질, 공격적.
신 체	심장, 혈관, 눈.
사 물 **(음식)**	붉은색 살코기, 붉은 고추, 고춧가루, 파프리카, 붉은색 과일(딸기·사과·산딸기·토마토·대추·체리·수박·앵두·석류), 불, 장미, 태양, 피, 소방차, 입술, 노을, 일출.

색채심리 활용

정서적으로 건강할 때와 안정적일 때 열정적이고 에너지가 넘친다. 시원시원하고 적극적이며 자신의 감정을 논리적으로 표현한다.

하지만 정서적으로 안정되고 싶거나 평정심을 찾고 싶을 때는 빨간색은 피해야 한다. 적극적으로 자신을 표현하고 에너지를 발산하고 싶을 때는 빨간색을 적극적으로 활용하면 좋다.

직업 적성

무용, 뮤지컬, 경영, 건축, 정치, 음악, 체육(운동선수), 격투기선수, 배우(영화배우 · 연극배우), 개그맨, 코미디언, 이벤트, 강연, 자영업, 디자이너, 패션모델, 에어로빅, 관광, 레저.

무언의 메시지와 커뮤니케이션

빨간색이 의미하는 무언의 메시지는「나를 보이고 싶다, 나를 알리고 싶다, 나는 건강하다, 사람들과 어울리고 싶다, 컨디션이 좋아진다, 활기찬 관계를 만들고 싶다」등이다.

색상의 집착

정서적으로 불안하고 불만이 많을 때, 산만하고 안정감이 떨어질 때 빨간색에 집착할 수 있다. 분노를 조절하기 어렵고 다혈질적으로 폭발하는 타입은 빨간색 사용을 줄이도록 한다.

과다와 거부

과다할 때 열정적이고 외향적이다. 충동적인 감정을 드러낸다.
거부할 때 감정을 통제하고 억제한다.

건강

혈액순환을 촉진하고 감각신경을 자극한다. 순환기와 심장의 건강을 관장하여 뇌출혈, 중풍, 고혈압, 빈혈, 심장 무기력을 일으킬 수 있다.

누가

긍정적일 때 열정적인 사람, 행동하는 사람, 육체적 힘이 있는 사람, 모험적인 사람, 물질을 추구하는 사람, 자신감이 있는 사람, 낙천적인 사람, 감성적인 사람, 추진력이 강한 사람, 외향적인 사람, 정열적인 사람, 격정적

RED

인 사람, 자유로운 사람, 예술성이 있는 사람, 표현하는 사람, 말하는 사람.
부정적일 때 자기 주장이 강한 사람, 공격적인 사람, 야심 있는 사람, 성적 충동이 강한 사람, 자기 감정을 조절하지 못하는 사람, 다혈질인 사람, 욱하는 사람, 감정기복이 심한 사람, 산만한 사람, ADHD 증후군, 방만한 사람, 쾌락적인 사람, 향락적인 사람.

언제

여름, 낮, 축제 시기, 운동할 때, 경기할 때, 오락할 때, 게임을 할 때, 도전 시기, 사랑이 싹틀 때, 전쟁, 화재, 위기, 재난, 사건, 사고, 고통, 흥분할 때, 화가 치밀 때.

어디서

체육관, 공연장(뮤지컬 · 비보이 · 노래 · 연극), 운동경기장, 투우장, 경연장, 축제장, 소방서, 경찰서, 극장, 용광로, 온천, 훈련소, 시장, 홍등가, 전쟁터, 화재, 지옥, 위험한 곳, 화산, 싸움터.

무엇을

긍정적 키워드 불, 태양, 에너지, 용기, 열정, 행동, 모험, 실행, 창조, 창의, 결심, 결단, 기쁨, 환희, 쾌락, 승리, 행복, 생명.
부정적 키워드 화재, 피, 욕망, 증오, 흥분, 다혈질, 충동, 분노, 소란, 고통, 광란, 난폭, 잔인, 전쟁, 투쟁, 폭력, 공격, 반항, 대항, 살육, 살인.

어떻게

긍정적 마음과 행동 자유롭게, 열정적으로, 활동적으로, 적극적으로, 독립적으로, 자주적으로, 야심차게, 용맹하게, 힘차게, 창조적으로, 창의적으로, 온몸을 던져, 망설이지 않고, 저돌적으로, 공개적으로, 표현하며.
부정적 마음과 행동 난폭하게, 급하게, 혼란스럽게, 흥분해서, 복잡하게, 무모하게, 생각 없이, 충동적으로, 도발적으로, 위압적으로, 공격적으로, 폭력적으로, 무력으로, 무리하게, 무모하게, 무시하며, 자기 멋대로.

왜

긍정적 이유 주장을 관철하기 위해, 감정을 속일 수 없어, 표현하고 싶어, 모험하고 싶어, 새로운 아이디어가 떠올라, 주변 사람들의 민원을 대신해서, 새로운 시작을 꿈꾸며, 성장하고 싶어, 성장시키고 싶어, 발전을 위해.

부정적 이유 본능에 충실해서, 성질이 나서, 화가 나서, 급해서, 반항적이라, 폭력적이라, 독선적이어서, 독단적이어서, 흥분해서, 자기조절능력이 떨어져서, 과격해서.

● 실 전 해 설

금 전	큰돈, 모험한 돈, 노력한 돈, 영업에 유리하다, 빠르게 이루어진다, 변화가 크다.
사 업	시끌벅적하다, 번잡하다, 급하다, 갑작스럽다, 소송한다, 다툰다.
취 업	등락의 폭이 크다.
학 업	서두른다, 빠르다, 변화가 크다, 폭이 크다, 깜짝 놀랄 정도다.
매 매	갑작스레 이루어진다, 서두른다.
당 선	빠르게, 적극적으로, 노력해야, 깜짝 발탁, 예기치 못한 공천, 큰 차이의 당선.
연 애	한눈에 반한다, 열정에 불이 붙는다, 다툰다, 싸운다, 분노한다.

● 예 술 작 품

그 림	에드바르트 뭉크 〈절규〉, 얀 반 에이크 〈아놀드 피니 부부의 초상〉, 프리다 칼로 〈삶이여 영원하라〉, 요하네스 페르메이르 〈빨간 모자를 쓴 소녀〉.
영 화	장이머우 감독 〈붉은 수수밭〉.

분홍색

PINK

火 + 金
_화   _금

(화 위에 火, 금 위에 金)

● 색상의 특성과 성정

분홍색은 파스텔 톤으로 부드럽고 여성적인 색채이다. 공격적인 감정을 안정시키고 흥분을 진정시킨다. 분홍색의 부드러운 색채는 봄옷을 연상시키기 때문에 로맨틱한 분위기나 여성성을 상징하기도 한다. 화장품이나 여성복에 많이 사용하는 이유이기도 하다.

감각적이며 사랑과 연민의 감정을 드러내고 표현한다. 여성스럽고 온화하여 여성호르몬을 높이고 로맨틱함을 배가시킨다. 상냥하고 만족스러워 서로 격려하고 위로하는 작용을 한다. 하지만 너무 과도한 분홍색은 경박하고 천박하고 믿음직스럽지 못한 사람으로 보일 수 있다.

연애와 관련해 분홍색은 화려하고 환상적인 연애를 꿈꾼다. 감수성이 뛰어나 감정표현이 부드럽다. 화사하고 패션감각이 뛰어나며 귀엽고 사랑스러운 모습이다. 깜짝 이벤트를 좋아하고, 연애 장소도 감각적인 공간, 귀엽고 세련된 장소를 선호한다. 밝고 명랑하며 때로는 감정의 기복이 있다.

● 색상의 연상 · 색상의 키워드

장 점	여성적, 도화, 섹시함, 따뜻함, 섬세함, 정서안정, 온화함, 활동적, 인기 있음, 예술성 있음, 귀여움, 표현함, 모성본능, 행복한, 편안한, 애교 있는, 예의바른, 다정함, 유머가 있는, 순수한, 창조적인, 감성적인, 감각적인, 부드러운, 다정다감, 달콤한, 솔직한, 순진한, 에로틱, 사랑하는, 낙관적, 낭만적.
단 점	경박함, 천박함, 믿음직스럽지 않음, 하찮음, 대수롭지 않음, 가벼움, 색기가 넘침, 유혹하는, 충격적인, 충동적인, 저속한, 스트레스가 심한, 쾌락적, 민감한, 지구력이 약한.
신 체	피부, 심장, 혈관, 눈.
사 물 (음식)	리치, 복숭아, 체리, 앵두, 버찌, 자두, 용과, 장미, 입술, 노을.

색채심리 활용

정서적으로 건강할 때와 안정적일 때는 긍정적이고 여유로운 마음과 여성스러운 감정과 따뜻한 행동으로 자신감을 가지고 행복해지려고 노력한다. 하지만 정서적으로 불안정할 때는 자존심이 매우 강하고 자존감은 약하여 과도한 성형, 과도한 쇼핑 등으로 이어지며 자기애가 심해진다.
여성스러운 이미지에 거부감이 강해지고 자신의 이미지를 정립하고자 할 때는 분홍색을 멀리해야 한다. 분홍색이 싫어지고 거부반응이 커질 때는 적극성과 자신감이 서서히 커질 때이다.

직업 적성

예술가, 무용가, 작가, 요리사, 패션디자이너, 헤어디자이너, 패션모델, 공연, 창작, 연예, 방송, 무용, 미술, 웨딩플래너, 플로리스트.

무언의 메시지와 커뮤니케이션

분홍색이 의미하는 무언의 메시지는 「사람이 그립다, 사랑이 그립다, 연애하고 싶다, 스트레스에서 벗어나고 싶다, 쉬고 싶다, 내 감정에 주목한다, 에너지를 주고 싶다」 등이다.

색상의 집착

분홍색의 옷을 입고 싶을 때, 액세서리를 하고 싶을 때, 인테리어를 하고 싶을 때는 자신을 내세우고 싶을 때, 흥분되거나 감정이 올라올 때, 타인에게 자신을 돋보이고 싶을 때, 인기를 얻고 싶을 때, 이성이나 주변 사람들에게 자신을 어필하고 싶을 때, 감정이 혼란스러울 때이다.

과다와 거부

과다할 때 열정적이고, 감미롭고, 요염하고, 흥분시키는 역할을 한다.
거부할 때 우울하고 자신감이 저하되게 한다.

건 강

혈액순환을 촉진시키고 감각신경을 자극하며 건강을 활성화한다. 순환기와 심장을 관장하여 뇌출혈, 중풍, 고혈압, 빈혈, 심장 무기력 등에 해당된다.

누 가

긍정적일 때 감성적인 사람, 부드러운 사람, 순진한 사람, 애교 있는 사람, 호감이 가는 사람, 예술성이 있는 사람, 섬세한 사람, 여성적인 사람, 감각적인 사람, 낙관적인 사람, 화려한 사람.

부정적일 때 끼 있는 사람, 우유부단한 사람, 감정기복이 있는 사람, 소심한 사람, 예민한 사람, 마음이 여린 사람, 사치하는 사람, 자기 관리가 부족한 사람, 미숙한 사람, 유혹하는 사람.

언제

사춘기, 사랑할 때, 첫사랑 시기, 배란기, 임신 시기, 청춘 시절, 초여름, 휴식기, 로맨스 시기, 환각상태, 쾌락 추구 시기, 감정기복이 심한 시기, 혼란한 시기, 교태를 부리는 시기, 유혹할 때.

어디서

마음, 심장, 상담실, 패션쇼 런웨이, 아틀리에, 전시장, 영화관, 바닷가, 기도실, 라이브쇼, 집, 종교시설, 레저시설, 침실, 화장대 앞, 침대, 쇼핑몰, 환락가, 유흥가, 성인용품점, 사창가, 병원.

무엇을

긍정적 키워드 사랑, 연인, 애교, 섹시, 입술, 마음, 심장, 행복, 기쁨, 로맨스, 애정, 아름다움, 매력, 첫사랑, 낭만, 품, 낙관, 세련, 애무, 감성, 육체적, 로맨틱.

부정적 키워드 연약, 유약, 감정기복, 교태, 아양, 유혹, 야함, 향락, 쾌락, 선정적, 성적, 변덕스러움.

어떻게

긍정적 마음과 행동 사랑하는, 세련되게, 분위기 있게, 섹시하게, 행복한, 조용하게, 수줍게, 여성스럽게, 감성적으로, 자유롭게, 애교스럽게, 로맨틱하게, 즐겁게, 상냥하게.

부정적 마음과 행동 야하게, 과도하게, 유혹하는, 무관심한, 자기 멋대로, 즉흥적으로, 방치하는, 변덕스럽게, 무기력하게, 힘이 없는, 육체적으로,

선정적으로, 무절제하게, 집착하며.

왜

긍정적 이유 짝사랑, 첫사랑, 사랑, 플라토닉한 사랑, 헌신, 수줍은, 교감, 호감, 섹시, 자비, 헌신, 우정, 예술.

부정적 이유 집착, 무기력, 의타심, 변덕, 흥분, 망설임.

● 실 전 해 설

금 전	금전의 유통이 활발하다, 일상생활에서 수입도 많지만 그만큼 씀씀이도 크다, 유흥이나 패션에 부담하는 지출이 많다.
사 업	사업이 왕성하다, 활발하고 분주하다, 예술·패션·미용·성형외과 등의 사업이 좋다.
취 업	귀인의 도움을 받는다, 여성은 승진과 취직이 빠르다, 예술·미용·패션 등에서 좋은 소식이 있다.
학 업	예술·체육 등의 학업은 유리하다, 공부·연구에는 불리하다.
매 매	매매가 순조롭다.
당 선	당선·공천에 좋은 소식이 있다, 인기가 높다.
연 애	로맨틱한 사랑, 따뜻한 사랑, 조건 없는 사랑, 끝없는 사랑, 로맨스가 넘치는, 음란한 사랑, 인기가 넘치는.

● 예 술 작 품

그 림	에드가 드가 〈분홍색 발레복의 무희〉, 제임스 애벗 맥닐 휘슬러 〈프란시스 레이런드 부인의 초상화〉, 앙리 마티스 〈분홍색 화실〉, 에밀 놀데 〈큰 양귀비꽃〉, 마르크 샤갈 〈분홍빛 연인들〉, 파블로 피카소 〈장미 시대〉.
영 화	블레이크 에드워즈 감독 〈술과 장미의 나날〉.
상 송	에디트 피아프 〈장미빛 인생〉.

주황색

ORANGE

火 + 土
화   토

● 색상의 특성과 성정

창조적이고 매사에 열의가 넘치며 용기 있는 색채이다. 사람들 사이에서 친밀감을 주어 이목을 모으고 인기가 있다. 눈에 강렬하게 다가오기 때문에 강한 인상을 남기고 식욕을 증진시킨다. 이국적이고 기분 좋은 분위기를 만들며, 의욕적이고 사람을 즐겁게 하는 재능이 뛰어나다. 주변 분위기가 밝아지고 활발한 소통이 가능하다.

때론 과식하거나 과도한 친절, 과도한 사교성으로 구설수가 생길 수 있다. 신경이 예민해지고 피곤하게 느껴진다.

연애와 관련해 주황색은 한마디로 열정적인 연애를 한다. 자기 감정을 적극적이고 강력하게 드러내고, 좋고 싫음을 명확하게 표현하며 연인과의 관계를 이어간다. 따뜻하고 열정적이어서 상대를 이끌어가는 타입이며, 솔직한 감정 표현으로 편안하게 소통해 나간다. 다만, 상대가 상처 받을 수 있는 말도 시원스럽게 내뱉기 때문에 소심한 상대라면 마음에 상처가 남을 수 있다.

● 색상의 연상·색상의 키워드

장 점	구명조끼, 이국적, 사교적, 의욕적, 즐거움, 대인관계가 뛰어남, 맛있는, 식욕이 증진됨, 따뜻함, 오렌지, 비타민, 활력, 유쾌함, 낭만적, 활기참, 저녁노을, 정열적, 활동성, 창조성, 포부, 자긍심, 힘, 인내, 생명력, 약진하는, 희망, 화사한, 행복한, 밝음, 활발한, 원기 있는, 화려한, 열정이 넘치는, 따뜻한, 소통하는, 생생한, 이해력이 빠른, 적응력.
단 점	위험, 집요함, 피곤함, 불안함, 불안정한, 천박한, 사치스러운, 요란한, 애정결핍, 경박한, 속을 알 수 없는, 성격이 급한, 고집이 센.
사 물 (음식)	한라봉, 파파야, 감, 귤, 호박, 오렌지, 레몬, 자몽, 유자, 멜론, 카레(강황), 당근, 저녁노을.

색채심리 활용

정서적으로 안정적일 때는 대인관계가 원만하면서 누구와도 쉽게 어울리고 활발한 성향이다. 긍정적이고 낙천적이다. 자발적이며 적극적이고 밝고 명랑하여 소통의 달인이라 부를 만하다.

정서적으로 불안정할 때는 자기중심적이고 질투심이 있다. 자기를 드러내고 싶은 욕망 때문에 주변 사람들이 인정받을 때 질투가 심해져 갈등이나 다툼이 생기고 사람들 사이가 어색해지기도 한다.

다른 사람과 잘 어울리고 싶을 때는 주황색을 활용하면 좋다. 현재 사람들과 갈등이 있거나 사람들과 어울리기 싫고 우울하다면, 주황색을 자주 활용하면 사람들과 갈등도 줄어들고 우울증에서도 벗어나게 될 것이다.

직업 적성

정치, 경영, 건축, 스포츠선수, 배우, 뮤지컬, 무용가, 개그맨, 공연, 오락,

이벤트, 예술가, 스턴트맨, 격투기, 패션모델, 에어로빅, 연예, 방송, 운동, 무역, CEO.

무언의 메시지와 커뮤니케이션

주황색이 의미하는 무언의 메시지는 「활기차고 싶다, 사람들과 어울리고 싶다, 즐거움을 만들고 싶다, 에너지를 비축한다, 새로운 동기를 부여한다, 성과를 만들어낸다」 등이다.

색상의 집착

주황색 옷을 입고 싶거나 액세사리를 하고 싶거나 인테리어를 하고 싶을 때는 다른 사람들과 소통하고 싶을 때, 다른 사람들과 어울려 행복을 느끼고 싶을 때, 자신에게 활력을 주고 싶을 때, 자신감 있는 결단을 내리고 싶을 때, 자신의 현재 감성에 맡기고 싶을 때이다.

과다와 거부

과다할 때 활력이 있고 원기가 넘치며, 유쾌하고 만족하고 풍부하며, 적극적이다.

거부할 때 무기력하고 침체되어 있고 자신감이 저하된다.

건강

자궁, 방광, 신장 등의 비뇨기 계통과 산부인과 계통, 갑상선기능을 관장하여 생리불순, 자궁근종, 갑상선 항진증, 담석, 신장결석 등을 개선시킨다.

누가

긍정적일 때 열성적인 사람, 활동적인 사람, 예술적인 사람, 사교적인 사람, 탐미적인 사람, 감각적인 사람, 감수성이 뛰어난 사람, 대인관계가 원만한 사람, 적극적인 사람, 행동하는 사람, 표현하는 사람, 어울리는 사람,

즐기는 사람, 유쾌한 사람, 낙천적인 사람.

부정적일 때 쾌락적인 사람, 탐욕적인 사람, 호색한, 폭력적인 사람, 변절자, 배신자.

언 제

한여름, 일출, 일몰, 석양, 가을, 수확기, 청춘, 축제, 연회, 공연, 행사, 전쟁시, 화재시, 노름할 때, 쾌락에 빠진 시기.

어 디 서

동남쪽, 공연장, 축제장, 경기장, 오락장, 야외 파티장, 행사장, 유람지, 관광지, 해변, 열대지방, 레저센터, 헬스클럽, 카지노, 불법오락실, 홍등가, 지옥, 연옥.

무 엇 을

긍정적 키워드 열정, 정열, 태양, 에너지, 왕성, 건강, 힘, 성공, 창의적, 영감, 창조성, 사교성, 자유, 성취, 성공, 명랑, 풍요, 풍성, 기쁨, 환희, 열광, 행복, 낙관, 자신감.

부정적 키워드 야심가, 자유분방, 폭발, 쾌락, 흥분, 탐욕, 욕정, 성욕, 도취, 향락, 독선, 위선, 배신, 저속성, 음란, 광기, 화재.

어 떻 게

긍정적 마음과 행동 열정적으로, 정열적으로, 행동으로, 에너지 충만하게, 집중해서, 낙천적으로, 사교적으로, 지혜롭게, 용감하게, 관대하게, 통 크게, 화끈하게, 즐겁게, 남성적으로, 친절하게.

부정적 마음과 행동 충동적으로, 쾌락적으로, 흥분하여, 무모하게, 자극적으로, 위선적으로, 안달하며, 초조하게.

왜

긍정적 이유 합격, 당선, 승진, 성공, 승리, 영광, 경축, 축제, 공연, 낙관, 행복, 창의, 창작, 교육.

부정적 이유 욕망, 욕구, 흥분, 불륜.

● 실 전 해 설

금 전	금전복이 넘친다, 여유가 있다, 부유하다, 풍요롭다, 욕심이 크다.
사 업	여유롭다, 순조롭다, 자신감이 넘친다.
취 업	원한대로 이루어진다, 대접해야 한다.
학 업	공부에 집중이 안 된다, 너무 긍정적이다, 친구들과 잘 어울린다.
매 매	여행에 유리하다, 부동산에 유리하다, 변화변동에 좋다, 역마의 기운이 있다.
당 선	대인관계가 뛰어나다, 사람들과 어울린다.
연 애	즐거운 데이트를 한다, 이벤트를 한다, 쾌락적 사랑, 임신한다, 질투한다, 소유욕이 강하다.

● 예 술 작 품

그 림	앙리 마티스 〈춤〉, 피테르 데 호흐 〈델프트의 집 안뜰〉, 빈센트 반 고흐 〈과수원과 주황색 지붕이 있는 집〉, 클로드 모네 〈인상, 일출〉, 마크 로스코 〈주황과 노랑〉, 폴 고갱 〈레 미제라블〉, 조지 해리슨의 앨범 〈The Concert For Bangladesh〉 커버.

노란색

YELLOW

토
土

● 색상의 특성과 성정

노란색은 본래 긍정적이고 낙천적이며 관계지향적이다. 기쁨, 이해심, 직관력, 통찰
력을 지닌 색상이다. 평화롭고 즐거움과 기쁨을 불러오며 휴식을 가져다준다. 밝고
경쾌하고 가볍고 활발하며 지속성이 있다. 노란색이 너무 과다하거나 오래 노출되면
게을러지거나 초조해져서 분열증세가 나타나기도 한다. 노란색은 절박한 상태에서
벗어나고자 하는 결단의 시기, 결단의 상황을 맞이하고 있는 상태를 상징한다. 기쁨
에 가득 찬 감정과 만족스러운 미래에 대한 기대감도 동시에 존재한다.

연애와 관련해 노란색은 대인관계가 뛰어나고 은근한 끈기와 융통성을 갖고 적극적
으로 표현하고 자신 있게 행동한다. 상대와 자연스럽게 소통하면서 자유로운 상황에
서 상대를 이끌고 가는 연애를 한다. 맛있는 음식, 풍광이 멋진 장소를 즐겨 찾고 즐

거운 데이트를 한다. 다만, 주변 사람과의 소통이나 관계 맺기에 바빠 연인에 대한 배려가 부족해질 수 있어 갈등이 커지기도 한다.

● 색상의 연상 · 색상의 키워드

장 점	주의, 준비, 안전도, 중장비 차량, 태양, 빛, 밝음, 번창, 명랑, 쾌활, 적극적, 유쾌, 긍정적, 대인관계, 지혜로움, 숙성됨, 풍요로움, 보호, 전등, 조화, 온화, 기쁨, 솔직, 사람관계 무난, 외향적, 새로운 일에 관심, 왕권, 영광, 희망, 만남, 기대, 만족, 행복, 애교, 결단력이 있는, 의지력이 있는, 속이 깊은, 평화, 애정.
단 점	배신, 이중성, 다중성, 비겁함, 악담, 불순함, 속을 모름, 위험, 경고, 독성 표시, 비겁함, 겁쟁이, 편견, 파괴, 외로움, 응석, 외로움, 무질서한, 고집이 센, 산만한, 질투하는, 경박한.
사 물 (음식)	바나나, 호박, 파프리카, 당근, 메밀, 치자, 참외, 병아리, 개나리, 유치원, 봄, 어린이, 해바라기, 나비.

색채심리 활용

정서적으로 안정적일 때는 세상을 긍정적이고 여유롭게 바라보며 대인관계가 폭넓고 원만하다. 사람들에게 인정받고 주목받는 인기 있는 사람이 된다.

하지만 정서적으로 불안정할 때는 질투가 심하고 고집이 세다. 조직에서 갈등을 유발하고, 아는 것을 표현하기를 좋아하고 잘난 척한다. 지식이나 정보를 얻기 위해 과도하게 친절히 접근하기도 한다.

타인에게 인정받고 주목받고 싶거나 인기를 얻고 싶을 때 노란색을 활용하면 좋다. 감정이 가라앉거나 소심해질 때도 활용하면 좋은 색상이다.

직업 적성

무역, 정치, 영업, 경영, 건축, 컨설턴트, 중매, 유통업, 운동선수, 커뮤니케이션(아나운서 · 캐스터 · 패널리스트), 작가, 저널리스트, 영화(제작 · 감독 · 연출 · 출연), 연예(기획), 예술, 방송, 오락, 이벤트, 패션, 카운슬러, 상담가, 교육가, 부동산 중개업, 농업, 변호사, 정치인, 역마(군인 · 스튜어디스 · 산악 · 여행가).

무 언 의 메 시 지 와 커 뮤 니 케 이 션

노란색이 의미하는 무언의 메시지는 「함께하고 싶다. 어울리고 싶다. 대화하고 싶다. 친해지고 싶다」이다. 새로운 변화를 추구하며 욕망을 자극한다. 커뮤니케이션을 활발하게 하기도 하고, 감정을 활성화시킨다. 에너지가 솟구친다.

색 상 의 집 착

자신감이 넘칠 때, 기분이 매우 좋을 때, 자신을 알리고 싶을 때, 자신이 무엇을 할 수 있는지 주변에 말하고 싶을 때, 자신을 자극하고 싶을 때, 감정적으로나 육체적으로 가라앉는 것을 방지하고 싶을 때 노란색에 집착하게 된다.

과 다 와 거 부

과다할 때 평화를 추구하여 평온하고 안정적이다. 감정 표현을 적재적소에 적합하게 한다.

거부할 때 회피하거나 게을러지고 자신의 감정 표현이 서투르다.

건 강

간, 신장, 방광, 자궁, 우울증, 알레르기 등에 영향을 주어 간기능과 신장기능이 좋아진다. 우울증이 호전되고 운동신경이 좋아진다. 소화기능과 운동감각이 원활해지고 알레르기도 개선된다.

누 가

긍정적일 때 따뜻한 사람, 명랑한 사람, 부드러운 사람, 대인관계가 뛰어난 사람, 적극적인 사람, 낙천적인 사람, 발랄한 사람, 야망 있는 사람, 포용력이 있는 사람, 관용적인 사람, 낙관적인 사람.

부정적일 때 방만한 사람, 산만한 사람, 변절하는 사람, 속을 알 수 없는 사람, 고집불통인 사람, 비겁한 사람, 흥을 깨는 사람, 게으른 사람, 바람둥이, 집중력이 떨어지는 사람.

언 제

환절기, 초가을, 초봄, 초여름, 초겨울, 운동할 때, 타인과 소통할 때, 사귈 때, 혼란한 시기, 애매모호한 시기, 양다리를 할 때, 어중간할 때, 청소년 비행시기.

어 디 서

중앙, 중심, 핵심, 종교시설, 중국, 땅, 대지, 운동장, 사교장소, 나이트클럽, 노름장소, 다단계장소, 경마장, 도박장소.

무 엇 을

긍정적 키워드 표현력, 순발력, 관계성, 임기응변, 유머감각, 사회성, 사교성, 명랑, 낙천, 도약, 원기왕성, 평화, 야망, 끈기.

부정적 키워드 경솔, 경박, 쾌락, 눈치, 질투, 모함, 실망, 배신, 비열, 기회주의, 거짓말, 허세, 과장.

어 떻 게

긍정적 마음과 행동 독립적으로, 자주적으로, 활발하게, 적극적으로, 낙천적으로, 포용적으로, 평화적으로, 표현하며, 쾌활하게, 명랑하게, 열광적으로, 독창적으로.

색채타로 종합분석_ 노란색

부정적 마음과 행동 산만하게, 독점적으로, 고집으로, 회피하는.

왜

긍정적 이유 명랑해서, 관계가 좋아서, 평화로워, 명쾌해서, 행복해서.

부정적 이유 불안해서, 산만해서, 공포가 있어서, 고집불통이어서.

● 실 전 해 설

금 전	풍요롭다, 부유하다, 현실적이다, 금전운이 매우 좋다, 사기에 연루될 수 있다.
사 업	잘 진행된다, 사업운이 좋다, 활발하다, 영업력이 뛰어나다.
취 업	영업직에 유리하다, 외교직에 어울린다.
학 업	공부에 집중이 잘 안 된다, 조금 더 열심히 하라.
매 매	쉽게 이루어진다, 원활하다, 역마가 있다, 움직인다.
당 선	당선된다, 쉽게 적응한다, 승진한다.
연 애	소통이 잘된다, 관계성이 뛰어나다, 외도한다, 질투가 심하다, 거짓말을 한다.

● 예 술 작 품

그 림	빈센트 반 고흐 〈까마귀가 나는 보리밭〉, 〈해바라기〉, 〈아를의 침실〉, 〈삼나무가 있는 밀밭〉, 요하네스 페르메이르 〈뚜쟁이〉, 〈우유를 따르는 여인〉, 〈여주인과 하녀〉, 프레데릭 레이턴 〈소녀〉.
영 화	클린트 이스트우드 감독 〈매디슨 카운티의 다리〉.
소 설	가스통 루루 〈노란색 방의 비밀〉.

초록색

GREEN

목　토
木 + 土

● 색상의 특성과 성정

초록색(녹색)은 새싹이 돋아나는 초봄의 연두색부터 한여름 무성한 나뭇잎의 진초록
색까지 자연의 시작과 자연의 무성함을 상징한다. 초록색은 시원하고 신선하며 상쾌
하다. 자연의 대표적인 색으로 피곤함을 회복해주는 색상, 기분을 안정시키고 안정감
을 주는 색상이다. 무엇보다 초록색은 안정, 평화, 휴식, 위안 등의 작용이 강하다. 새
로운 출발, 새로운 생명의 탄생, 순수함, 순진함, 배려심, 성장에 대한 욕구 등이 나타
난다. 생명력이 강하고 항상심이 있으며 건강하다.

너무 강한 초록색이나 장기간 노출된 초록색은 어둡고 우울하다. 질투심과 예민함,
극단적 관계, 심신허약 등의 특징이 나타나기도 한다.

연애와 관련해 초록색은 자신의 감정을 조절하고 행동과 언어는 중후하며 신중하다.

타인을 배려하고 인간적인 따뜻함을 겸비하여 사람을 이끌고 간다. 사랑꾼답게 상대에게 모든 사랑을 주려 하지만, 한편으로는 집착으로 느껴질 수도 있다. 자유로운 삶을 좋아하여 상대의 간섭과 규제에 스트레스를 받는다.

● 색 상 의 연 상 · 색 상 의 키 워 드

장 점	생명, 비상구, 의료장비, 환경보호운동, 채소, 경작, 봄, 평화, 자연, 대지, 풍요, 번창, 젊음, 청년, 신선함, 동정, 배려, 희망, 개혁, 부흥, 부활, 화해, 위로, 봉사, 고요함, 부드러움, 순수함, 균형, 성실, 솔직함, 도덕심, 예의바름, 상상력 풍부, 연민, 치료, 치유, 위안, 안정, 풍요로운, 신선한, 평온한, 희망적인, 안전한, 사리판단이 있는, 따뜻한, 사려 깊은, 조절하는, 온순한, 친절한, 자제하는, 신중한, 생각하는, 자신을 돌아보는, 성숙한, 타인을 돕는, 창조하는, 치유하는, 참을성 있는, 성장력이 있는, 위안을 주는, 안정적인, 지성적인, 확실한, 공평한, 중성적인, 아늑한, 억압에 대항하는.
단 점	질투, 경박함, 도덕적 타락, 반목, 재앙, 죽음, 피터팬(유아적인), 무서움, 어두움, 경계함, 거부함, 미숙한, 완고한, 반항하는, 규율을 거부, 감정을 표현하지 않는,
사 물 (음식)	청포도, 멜론, 청사과, 개구리참외, 키위, 수박, 매실, 브로콜리, 양배추, 오이, 아보카도, 풋고추, 깻잎, 상추, 부추, 시금치, 녹차, 아스파라거스.

색 채 심 리 활용

정서적으로 안정적일 때는 예의바르고 품위가 있으며 안정적인 성향이며, 끈기 있게 성장해가는 능력을 발휘한다. 안정과 균형, 그리고 꾸준한 성장과 변화를 추구한다.

정서적으로 불안정할 때는 과도한 헌신과 집착적 베풂이 있거나 삶에 대한 거부반응 등의 심리상태가 나타나게 된다. 또한, 가까운 사람들에게 엄격하게 도덕성을 요구하기도 한다.

휴식을 취하고 싶거나 심신의 안정을 찾고 싶을 때는 초록색을 활용하면 좋다. 조직에 다툼이 심하거나 갈등이 있을 때, 갈등을 조정하는 색이 초록색이다.

직업 적성

교육, 복지, 사회단체, 문학, 여행, 인권운동, 여행가, 정치, 의료, 의술, 자연요법, 예술, 원예, 상담, 심리, 문화, 마케팅, 언론, 의사, 법조, 친환경, 생물, 동물, 농업, 자연보호.

무언의 메시지와 커뮤니케이션

초록색이 의미하는 무언의 메시지는 「도움이 되고 싶다, 힘이 되고 싶다, 성장하고 싶다, 인정받고 싶다, 자애로운 행동을 만들어준다, 정신적 · 정서적 성장을 돕는다, 새로운 희망을 품고 싶다」 등이다.

색상의 집착

초록색에 집착할 때는 스스로를 위로하고 싶을 때, 다른 사람의 성장을 돕고 싶을 때, 다른 사람에게 희망을 주고 싶을 때, 사랑을 고루 나누어 주고 싶을 때, 배려하고 친절을 베풀고 싶을 때, 다른 사람들에게 존재의 의미를 부여하고 싶을 때이다.

과다와 거부

과다할 때 감수성이 풍부하고 따뜻한 성품이다.
거부할 때 감수성이 메말라 있고 감정과 표현이 서투르다.

건강

간기능, 뇌, 뼈를 자극하여 활력을 준다. 뇌척수액을 자극하여 교감신경계를 원활하게 한다.

GREEN

누가

긍정적일 때 부드러운 사람, 수줍은 사람, 따뜻한 사람, 배려하는 사람, 친근한 사람, 호감 있는 사람, 순진한 사람, 청순한 사람, 유순한 사람, 친화력 있는 사람, 희망이 있는 사람, 감성적인 사람, 자비로운 사람, 사랑스러운 사람.

부정적일 때 철없는 사람, 어설픈 사람, 어리석은 사람, 위축된 사람, 소극적인 사람, 부끄러운 사람, 철부지, 나약한 사람, 시샘하는 사람, 우유부단한 사람, 유약한 사람.

언제

이른 봄, 이른 아침, 싹틀 때, 유년기, 청소년기, 사춘기, 시작하는 시기, 임신기, 연애 시절, 철없는 시기, 산만한 시기, 유치찬란한 시기, 방만한 시기.

어디서

숲, 공원, 식물원, 동물원, 유치원, 초원, 들판, 산, 강, 밭, 농장, 목장, 휴양소, 상담소, 절, 교회, 성당, 휴가지, 조용한 곳, 아무도 없는 공간, 기도실, 불우이웃돕기 행사장, 피난처, 은신처, 도피처, 화장실, 비행소년이 많은 장소, 뒷골목.

무엇을

긍정적 키워드 탄생, 새싹, 시작, 출발, 교육, 지식, 지혜, 정직, 정의, 배려, 사랑, 자비, 우정, 동정심, 믿음, 마음, 의지, 자유, 순수, 순진, 순결, 투명, 유연성, 성장, 평화, 신중, 책임감, 촉감, 감각, 하늘, 산소, 물, 천국, 명상, 상상력, 휴식, 진심, 진정성, 신뢰, 성실, 신비, 창조, 창의, 이상, 공동체, 공감, 경청, 관용, 포용, 청량, 청결, 평온, 초월, 소통, 대화, 표현, 생각.

부정적 키워드 무계획, 철없는, 무분별, 경솔, 미숙, 건성, 가벼운, 우유부단, 집중력 부족, 도피, 회피, 낯가림, 냉담, 무관심, 눈치, 우울, 슬픔, 무관심, 공허함, 자기애 부족, 구설수.

어떻게

긍정적 마음과 행동 따뜻하게, 배려하는, 성장하는, 양육하는, 도와주는, 신뢰하는, 신중한, 책임감 있는, 침착한, 진정성 있는, 창의력 있는, 여유 있는, 안정감 있는, 성실한, 조용한, 시원한, 상쾌한, 고요한, 진지한, 평화로운, 인내심이 있는, 교감하는, 소통하는, 이타심 있는, 공동체 의식, 공공성을 추구하는, 심사숙고하는, 권위 있는, 존경심 있는, 성찰하는, 통찰력이 있는, 심오한, 직관력이 있는, 원숙한, 영감이 발달한, 명예를 추구하는.

부정적 마음과 행동 경솔한, 우유부단한, 집중력이 부족한, 가벼운, 소심한, 자기 주관이 부족한, 실속이 부족한.

왜

긍정적 이유 이타심이 강해서, 명예를 추구해서, 성실해서, 믿음직해서, 소통하여, 배려하여, 평화주의자라서, 책임감이 강해서, 공감하여, 경청하여, 반성하는, 성찰하는, 순진하여, 순수하여, 침착하여, 산뜻하여, 너그러워서, 조화로워서, 평화로워서, 자유로워서, 토론하며, 감성적으로, 창의력이 뛰어나서.

부정적 이유 반목하여, 불화하여, 불안정하여, 무계획하여, 무분별하여, 낯가림이 심해, 회피하여, 애매하여, 경솔하여, 비현실적으로, 수동적이어서, 냉정하여, 침묵하여, 관리능력이 부족하여.

● 실 전 해 설

금 전	안정적이다, 평화롭다, 금전 욕심이 적다, 전원생활을 꿈꾼다.
사 업	꾸준히 진행된다, 안정적이다, 농업과 친환경 사업에 유리하다.
취 업	학자, 공무원 등의 직업이 유리하니 적극적으로 밀고 나가라.
학 업	열심히 해야 한다, 적극적으로 해야 한다, 자유로운 공부가 어울린다.
매 매	사람을 너무 믿지 마라, 큰 이익은 없다, 마음을 비우면 된다.
당 선	인간관계가 좋아서 인정받는다, 따뜻한 품성으로 이루어진다.
연 애	사랑꾼이다, 간섭하고 규제하면 스트레스를 많이 받는다, 상대의 자존심을 살려주고 있는 그대로 수용하라.

● 예 술 작 품

그 림	폴 세잔 〈목욕하는 사람들〉, 〈에쿠스 근처의 큰 소나무〉, 〈생 빅투아르 산〉, 요하네스 페르메이르 〈열린 창에서 편지를 읽는 소녀〉, 구스타프 클림트 〈꽃이 있는 농장 정원〉, 폴 고갱 〈녹색의 그리스도〉, 엘스워스 켈리 〈빨강, 파랑, 초록〉, 조르주 쇠라 〈그랑드자트 섬의 일요일 오후〉.
소 설	제임스 매슈 배리 〈피터팬〉.

파란색

BLUE

목
木

● 색상의 특성과 성정

많은 사람이 좋아하는 색상이다. 상쾌하고 시원하며, 신비로움을 간직하고 있으며 창
조성, 창의성, 명료성을 증가시키는 색이다. 심신의 안정감과 회복력을 가져다준다.
한편으로는 냉정함, 신비로운 색상으로 표현하기도 한다.

파란색은 진실하고 희망적이며 긍정적이고 조화로운 색이다. 자신의 감정을 쉽게 드
러내지는 않지만, 내면에는 따뜻한 열정과 부드러운 배려와 성장의 기운이 담겨 있
다. 멀리에서 보는 하늘, 정글, 바다와 같은 느낌으로 겉으로는 아주 조용하고 침착하
고 안정적이어서 진정의 효과가 있다. 너무 과도한 파란색은 우울감, 생각 없는 배려,
쓸데없는 헌신, 과도한 욕구 등이 나타날 수 있다.

● 색 상 의 연 상 · 색 상 의 키 워 드

장 점	바다, 하늘, 물, 봄, 신선함, 시원함, 동경, 초월성, 명랑함, 자상함, 낭만, 상쾌함, 차가움, 신비함, 내향적, 감수성 예민, 강력한 신념, 양심적, 재능, 창조성, 성장, 평화, 종교적인, 신성함, 여성성이 있는, 자비로운, 배려하는, 헌신적인, 의리, 순수한, 변함없는, 성장하는, 정직함, 모성애, 돌보는.
단 점	비현실적, 추상적, 냉정, 독단적, 자기 고집, 비상식적인 헌신, 우울한, 의무감에 시달리는, 긴장하는, 공상적인, 움츠리는, 고독, 불안, 내성적.
사 물 (음식)	수박, 드넓은 바다, 시원한 그늘, 맑게 갠 하늘.

색 채 심 리 활 용

정서적으로 건강하고 안정적일 때는 깊이 생각하고 안정적이며 철학적이다. 인간중심적이어서 배려가 많고 타인에 대한 애정이 깊다. 자유주의자이면서 성장주의자로서 은근한 끈기와 욕구로 완성해 나가는 힘이 있다.

정서적으로 불안정할 때는 자신의 감정을 잘 드러내지 않고 자존감이 낮다. 주변의 눈치를 많이 보고 감상적이 되며 우울해진다. 자기 관리가 부족하고 방만해져 자포자기하거나 일의 진척이 느려진다.

감정이 들뜨거나 안정적이지 못할 때, 일에 쫓기거나 너무 많은 스트레스가 있을 때 활용하면 좋은 색상이다. 휴식을 취하거나 독서 중에도 사용하면 좋다. 마음을 소통하고자 하는 사람과의 만남에서도 활용하면 좋다.

직 업 적 성

교육, 경영, 정치, 법조, 사업, 방송, 복지, 작가, 언론, 기획, 광고, 음악, 미술, 사회복지, 종교, 출판, 상담심리, 친환경, 여행, 농업.

무 언 의 메 시 지 와 커 뮤 니 케 이 션

파란색이 의미하는 무언의 메시지는 「타인의 성장을 돕고 싶다, 배려하고 싶다, 인정받고 싶다, 성장하고 싶다」 등이다. 파란색은 스스로 감정을 조절하며 에너지를 좋은 방향으로 전환시킨다. 이타심이 생기고 인정받고자 하는 기질이 커진다.

색상의 집착

파란색에 집착할 때는 다른 사람들의 인정을 받고 싶을 때, 다른 사람의 멘토가 되고 싶을 때, 일의 능력을 보여주고 싶을 때, 현명함과 자상함을 보여주고 싶을 때, 주변 사람들에게 용기 있고 자신감 있는 사람임을 보여주고 싶을 때, 과도한 행동을 자제하고 싶을 때이다.

과다와 거부

과다할 때 자신의 감정을 절제하고 상대를 배려하는 따뜻한 인정이 있다.
거부할 때 자신의 감정을 조절하지 못하고 질투하고 갈등한다.

건강

간기능, 뼈, 근육을 관장하고 자극한다.

누가

긍정적일 때 신비로운 사람, 긍정적인 사람, 부드러운 사람, 따뜻한 사람, 배려하는 사람, 희망적인 사람, 성장하는 사람, 명예를 소중하게 생각하는 사람, 불의에 저항하는 사람, 자유를 추구하는 사람, 헌신하는 사람, 시원한 사람.
부정적일 때 독단적인 사람, 비현실적인 사람, 무계획적인 사람, 의무감에 시달리는 사람, 자신을 희생하는 사람, 비상식적인 사람, 행복 집착증과 공포증이 있는 사람.

언 제
봄, 아침, 하늘이 푸른 날, 맑은 날, 화창한 날, 기분 좋은 날, 혼란스러운 사춘기.

어 디 서
공원, 숲속, 산림, 시골, 바다, 산골, 농촌, 전원주택, 물가, 강, 바다.

무 엇 을
긍정적 키워드 봄, 아침, 청명함, 상쾌, 명랑, 신비, 차가움, 시원함, 고요한, 물, 바다, 강, 산, 하늘, 자비, 배려, 사랑, 자유, 평화, 여성성, 헌신, 의리, 순수, 모성, 정직.
부정적 키워드 냉정, 독단, 우울, 고집, 비현실, 내성적, 고독.

어 떻 게
긍정적 마음과 행동 신비로운, 창의적으로, 인간적으로, 침착하게, 정이 많은, 모성애가 있는, 희망적으로, 긍정적으로, 돌보는, 함께하는, 전체를 생각하는.
부정적 마음과 행동 냉정한, 쓸데없이 헌신하는, 사랑에 집착하는.

왜
긍정적 이유 따뜻해서, 모성애가 많아서, 정이 많아서, 희망적이어서, 정직해서, 돌보아주려고.
부정적 이유 냉정해서, 집착해서, 희생해서, 추상적이어서.

● 실전 해설

금 전　재물복이 있다, 이타심으로 인한 씀씀이가 크다, 노력한 만큼 얻는다.

사 업　사업운이 좋다, 자신의 의지대로 이루어진다, 따뜻한 사업가, 자유와 상
　　　상력이 뛰어난 사업가다.

취 업　노력한 만큼 이루어진다, 노력이 부족하다, 협동심을 발휘한다.

학 업　집중도가 약하다, 꾸준함이 부족하다, 타인들만큼 노력해야 한다.

매 매　조금 손해 보고 판다, 자연 풍광이 좋은 곳으로 간다, 귀농하거나 귀촌
　　　한다.

당 선　누군가의 도움으로 이루어진다, 인정받는다, 명예가 높다.

연 애　따뜻하고 아름다운 이벤트를 기획한다, 인기가 많다.

● 예술 작품

그 림　마르크 샤갈 〈푸른 빛의 서커스〉, 〈에펠탑의 신랑신부〉, 앙리 마티스 〈푸른
　　　누드〉, 〈플로네시아 바다〉, 빈센트 반 고흐 〈아를르의 포룸 광장의 카페테라
　　　스〉, 〈별이 빛나는 밤에〉, 요하네스 페르메이르 〈진주 귀고리를 한 소녀〉, 〈우
　　　유를 따르는 여인〉, 장 오귀스트 도미니크 앵그르 〈브로이 공작부인〉, 파블
　　　로 피카소 〈기타 치는 노인〉.

소 설　노발리스(본명은 프리드리히 폰 하르덴베르크) 〈푸른 꽃〉.

영 화　뤽 베송 감독 〈그랑 블루〉.

음 악　조지 거슈윈 작곡 〈랩소디 인 블루〉.

하늘색

SKY BLUE

목   금
木 + 金

● **색상의 특성과 성정**

탁 트이고 자연스러운 색, 시원하고 편안한 느낌을 주는 색이다. 자유에 대한 열망과 포용하고 화합하는 기운을 지닌 색이다. 타인에 대한 배려와 더불어 살고 화합하며 살고자 하는 자비로운 마음이 스며 있다. 따뜻한 인간애와 온화한 품성과 사랑의 마음으로 세상을 바라보는 여유가 있다. 자유를 구속할 때는 강력하게 저항하고 거부반응이 있으며, 불쌍한 사람에 대한 온정이 강하다.

● 색상의 연상·색상의 키워드

장 점	시원한, 상쾌한, 깨끗한, 순수한, 자연스러운, 자유로운, 열정적인, 상상의 나래를 펴는, 사랑스러운, 개성 있는, 긍정적인, 신비한, 부드러운, 여유로운, 자비가 있는, 온화한, 편안한.
단 점	방종, 집착, 자제력 부족, 게으른, 계획성 부족.

색채심리 활용

정서적으로 안정될 때는 타인에 대한 배려가 많다. 구속하지 않으며 자유롭고 자연스러운 언어표현과 자상하고 온화한 인품을 지닌 따뜻한 사람이다. 정서적으로 불안정할 때는 예민하고 감정기복이 심하며, 자기가 좋아하는 사람에 대한 헌신을 넘어선 집착이 있다.

직업 적성

환경, 항공, 우주, 종교, 신비, 평화, 영화, 아동, 인사경영, 코칭, 상담, 여행가.

무언의 메시지와 커뮤니케이션

하늘색이 의미하는 무언의 메시지는 「착한 사람이기를 원한다, 품격 있는 사람이었으면 좋겠다, 자유롭게 살고 싶다, 성장하고 싶다, 자존심을 지키고 싶다, 누구보다 편안하게 살고 싶다, 꿈을 꾸고 싶다, 떠나고 싶다, 유랑하고 싶다, 돕고 싶다」 등이다.

색상의 집착

하늘색에 집착할 때는 자유롭고 싶을 때, 인정받고 싶을 때, 성장하고 싶을 때, 품위를 지키고 싶을 때, 떠나고 싶을 때, 함께하고 싶을 때, 도와주고 싶을 때이다.

색채타로 종합분석_ 하늘색

과 다 와 거 부

과다할 때 헌신한다, 집착한다, 회피한다, 자신을 포기한다.

거부할 때 자기중심적이다, 방만하다, 천박하다, 계산적이다, 이기적이다.

건 강

간, 담, 뼈, 관절을 관장한다. 갑작스러운 사고와 교통사고를 조심해야 한다.

누 가

긍정적일 때 편안한 사람, 순수한 사람, 따뜻한 사람, 배려가 많은 사람, 청순한 사람, 자유로운 사람, 자애로운 사람, 감수성이 많은 사람, 더불어 사는 사람, 인간미 넘치는 사람, 희생적인 사람, 불의에 항거하는 사람.

부정적일 때 유약한 사람, 나약한 사람, 방만한 사람, 계획적이지 못한 사람, 자신을 돌보지 않는 사람, 주변을 의식하는 사람, 예민한 사람.

언 제

초봄, 새벽, 싹틀 때, 유년기, 청소년기, 사춘기, 연애하는 시기, 사랑할 때, 정을 나눌 때, 철이 없을 때, 무모한 행동을 하는 시기.

어 디 서

하늘공원, 옥탑방, 옥상, 빌딩, 산 정상, 언덕, 전망대, 비행기 안, 바닷가, 강가, 들판, 공원, 홀로 떨어진 곳, 아무도 없는 곳, 독방, 사막.

무 엇 을

긍정적 키워드 하늘, 창공, 허공, 이상, 상상, 청춘, 소년, 평화, 배려, 자유, 순수, 헌신, 희생, 행복, 자비, 공공성, 의리, 공동체, 시원함.

부정적 키워드 눈치, 공허, 우유부단, 무계획.

어떻게

긍정적 마음과 행동 시원하게, 자유롭게, 여유 있는, 상상하는, 상쾌한, 착한, 이타심이 있는, 타인을 배려하는, 교육하는, 성장하는, 조언하는, 도와주는, 헌신하는.

부정적 마음과 행동 희생하는, 방만한, 실속이 없는, 소심하게, 애매하게, 경솔한, 고독한, 외로운, 계획성이 약한, 인정에 이끌리는, 우유부단한.

왜

긍정적 이유 헌신적이어서, 배려하여, 자유로워서, 호탕하여, 도와서, 잘 가르쳐서, 노력해서, 이타심이 강해서.

부정적 이유 계획이 없어서, 희생을 강요하여, 우유부단해서.

● **실 전 해 설**

금 전	쓸 만큼 번다, 새로운 돈이 들어온다.
사 업	열정적으로 진행한다, 활기차다, 신선한 아이디어와 상상력이 뛰어나다.
취 업	새로운 일을 시작한다, 취업이 가능하다, 새로운 부서로 변경된다.
학 업	패기 있게 도전한다, 새로운 아이디어로 인정받는다, 너무 자신감이 넘쳐 후회할 일이 생긴다.
매 매	현 시세에 근접하게 매매된다, 조금 손해 볼 수도 있다, 거래가 활발하다.
당 선	새로운 도전을 하라, 새로운 아이디어로 접근하면 좋다, 젊은 층을 공략하라.
연 애	늘 신선한 만남이다, 순수한 만남을 유지한다, 깔끔하다, 진척이 없다, 저돌적으로 돌진하라.

터키옥색

TURQUOISE

목   목   토
木 + (木 + 土)

● **색 상 의 특 성 과 성 정**

신비롭고 자연스러움과 편안함, 그리고 시원함을 지닌 색이다. 고급스럽고 은은하고 부드러우며 여유롭다. 고귀한 품격과 자유에 대한 열망을 동시에 가지고 있는 색으로 타인에 대한 배려와 함께하고자 하는 화합정신이 있다. 따뜻한 품성과 인간애가 가득한 마음으로 세상을 바라보는 여유가 있으나, 억압과 독재에 대한 거부반응이 강하고 인간답지 않은 사람에 대한 저항과 배척이 매우 강하다.

● 색 상 의 연 상 · 색 상 의 키 워 드

장 점	깨끗함, 신비로운, 행복한, 시원한, 믿음직스러운, 순수함, 상쾌한, 긍정적인, 적응력, 자연스러움, 자유, 개성 있는, 희망 있는, 숭고한, 진실한, 고급스러움, 부드러움, 편안함, 여유로운, 고귀한.
단 점	계획적이지 못한, 자유분방한, 나른한, 게으른, 적극적이지 않은.

색 채 심 리 활 용

정서적으로 안정될 때는 행동과 언어가 품격 있고 고급스러우며 인품이 있다. 자상하고 인정이 있고 중후한 리더십이 있다.

정서적으로 불안정할 때는 권위적이고 독선적이며 감정의 기복이 있다. 사랑이나 정을 이유로 주변 사람을 조종하려고 한다.

직 업 적 성

복지사, 교육, 강사, 정신과의사, 경영컨설턴트, 인사경영전문가, 역량평가전문가, 심리상담가, 교수, 역학자, 아동교육 연구가, 청소년교육 연구가, 역사학자, 사회운동가, 문화기획자.

무 언 의 메 시 지 와 커 뮤 니 케 이 션

터키옥색이 의미하는 무언의 메시지는 「고급스럽게 살고 싶다, 인정받고 싶다, 품격 있는 삶을 원한다, 성장하고 싶다, 자존심을 살리고 싶다, 괜찮은 사람이었으면 좋겠다, 멋진 사람이라는 소리를 듣고 싶다, 따뜻한 사람이기를 원한다, 누군가를 돕는 사람이기를 원한다, 의리 있는 사람이기를 원한다, 착한 사람이기를 희망한다」 등이다. 반면, 주변인에게서는 「잘난 척한다, 과도한 소비를 한다, 안하무인이다」라는 소리를 듣기도 한다.

색상의 집착

인정받고 싶을 때, 품위 있게 보이고 싶을 때, 돕고 싶을 때, 능력을 과시하고 싶을 때, 자신감을 키우고 싶을 때, 들뜬 행동을 자제하고 싶을 때 터키옥색에 집착하게 된다.

과다와 거부

과다할 때 보증을 선다, 과도하게 헌신한다, 자신을 돌보지 않는다, 자신을 드러내고 싶어한다, 집착한다.

거부할 때 품위가 없다, 이기적이다, 품격이 없다, 천박하다, 계산적이다.

건강

간, 쓸개, 뼈의 건강을 주의해야 한다.

누가

긍정적일 때 신비로운 사람, 자연스러운 사람, 편안한 사람, 시원한 사람, 고급스러운 사람, 부드러운 사람, 따뜻한 사람, 정이 많은 사람, 자유로운 사람, 배려하는 사람, 인간적인 사람, 품격 있는 사람, 고귀한 사람, 화합하는 사람, 저항하는 사람, 행동하는 사람, 헌신하는 사람.

부정적일 때 게으른 사람, 계획적이지 못한 사람, 고집이 센 사람, 무모한 사람.

언제

타로숍, 극장, 뮤지컬 공연장, 숲속, 콘서트홀, 바다, 밀림, 성당, 교회, 사찰, 사이비 점집, 굿터, 쓰러져가는 집, 음습한 집.

어디서

복잡한 곳, 중앙통, 명동거리, 관중석, 영화관, 교실, 백화점, 연극극단,

뮤지컬 공연장, 촬영현장, 방송국, 운동장, 공원, 유흥지, 관광지, 공항, 터미널.

무엇을

긍정적 키워드 성장, 녹음, 활짝, 무르익음, 짙음, 숲속, 바다, 성숙, 성공, 품격, 고귀한, 헌신, 중심, 화합, 저항, 행동, 고급, 우정, 정, 사랑, 안정, 평화, 복지, 자유, 상상, 우주, 깨끗, 진실, 행복, 희망, 배려, 모범, 명예, 생명, 창조, 도약, 의지, 교육, 자연, 조화.
부정적 키워드 고민, 고통, 집착, 망상, 사이비, 현혹, 유혹, 음란.

어떻게

긍정적 마음과 행동 고귀하게, 품격 있게, 분위기 있게, 고급스럽게, 고차원적으로, 사랑스럽게, 행복하게, 정성을 다해, 성공과 성장을 위해, 교육하는, 지도하는, 명예를 위해, 자존심을 살리기 위해.
부정적 마음과 행동 산만한, 어두운 생각을 하는, 고집이 센, 집착하는.

왜

긍정적 이유 고급스러워서, 배려해서, 품격이 있어, 성공하기 위해, 성장하기 위해, 코칭하려고, 신중해서.
부정적 이유 질투해서, 집착해서, 희생하느라, 음란해서.

색채타로 종합분석_ 터키옥색

● 실전 해설

금 전	금전이 원활하다, 이익이 있다.
사 업	사업이 잘된다, 거래가 많다.
취 업	합격한다, 인정받아 발탁된다.
학 업	좋은 성적이 나온다, 수석을 할 수 있다.
매 매	매매가 쉽게 된다, 자연스럽게 성사된다.
당 선	인기가 많다, 당선된다.
연 애	인기가 많다, 심플한 연애를 한다.

● 예술 작품

그 림	오딜롱 르동 〈터키옥색 꽃병〉, 김덕용 〈관해음〉, 신윤복 〈미인도〉.

남색

INDIGO

^목 ^수
木 + 水

● 색 상 의 특 성 과 성 정

남색은 인간의 본성 중에서 인간다움과 창조능력, 직관력, 동화능력, 변화에 대한 대처능력, 성장욕구와 성장능력을 상징한다. 한편으로는 정신적 피로, 인간관계에 대한 집착과 상처, 성공이 없는 노력, 침체와 끊임없는 열정 등을 나타내기도 한다.
남색은 대기만성형의 사람이다. 반복적인 실패를 경험 삼아 새로운 성공으로 발전해 나간다. 침체되고 좌절된 상황을 오히려 더 높은 단계의 정신적 성숙과 발전으로 만들어간다. 힘든 과정도 손쉽게 해결해 나가는 능력을 발휘한다.

● 색 상 의 연 상 · 색 상 의 키 워 드

장 점	인간성, 배려, 열정, 창조성, 직관력, 적응능력, 동화능력, 대처능력, 성장 능력, 극복, 성숙, 발전, 신비로움, 초능력, 통합, 통찰, 포용, 균형, 희생, 깊은 지식, 현모양처, 평화로운, 편안한, 인내하는, 신중한, 내성적인, 보수적인, 순종하는, 근면한, 합리적인.
단 점	침체, 좌절, 집착, 상처, 굴곡, 정신적 피로, 노력에 비해 성과 부족, 내면의 괴로움, 야심, 깊은 고민, 두려움이 있는, 우울증, 상실감이 있는, 혼란스러운, 차가운.

색 채 심 리 활 용

정서적으로 안정될 때는 생각이 깊고 자애롭고 따뜻한 심성이 된다. 자유로움과 교육을 통해 성장을 이루어가는 긍정적인 사람이다.

정서적으로 불안정할 때는 과도하게 헌신하고 집착적 사랑을 해서 주변의 눈치를 본다. 계획성이 없고 방만하여 자포자기하는 상황이 발생한다.

남색은 교육할 때, 강의할 때, 인간적인 관계를 맺을 때, 가까운 사람과 소통할 때, 가정에서 편히 쉴 때, 상담할 때, 조언할 때 활용하면 좋은 색이다.

직 업 적 성

교육, 상담, 사회복지, 연구, 코칭, 심리, 금융컨설팅, 교육컨설팅, 인사컨설팅, 작가, 출판, 기자, 미술, 광고, 언론, 기획, 법조, 정치, 정신과의사, 명상, 종교, 철학, 영화, 신비학, 평화운동, 환경운동, 역학(역술).

무 언 의 메 시 지 와 커 뮤 니 케 이 션

남색이 의미하는 무언의 메시지는 「가까운 사람과 지내고 싶다, 주변 사람을 돕고 싶다, 인정받고 싶다」 등이다. 그리고 특히 정보에 관심이 많다.

색상의 집착

남색에 집착할 때는 「너를 사랑하고 싶다, 대화하고 싶다, 성공하고 싶다, 돕고 싶다, 인정받고 싶다」는 의미로 해석한다.

과다와 거부

과다할 때 쓸데없이 과도한 사랑과 헌신으로 주변을 힘들게 하고 집착으로 느끼게 한다.

거부할 때 너무 차갑고 원칙적이어서 인정이 메마른 사람으로 보이며, 매몰차 보인다.

건강

간, 췌장, 뼈를 관장한다.

누가

긍정적일 때 인간적인 사람, 배려하는 사람, 따뜻한 사람, 자유로운 사람, 감성적인 사람, 부드러운 사람, 청순한 사람, 자비로운 사람, 주려고 하는 사람, 정이 많은 사람, 의리 있는 사람, 희생적인 사람.

부정적일 때 간섭을 싫어하는 사람, 계획적이지 못한 사람, 철저하지 못한 사람, 자유분방한 사람, 애늙은이 같은 사람, 관리하지 못하는 사람, 우유부단한 사람.

언제

봄의 한가운데, 여름, 아침, 낮, 나뭇잎이 무성한 계절, 청년기, 중년기, 사춘기, 갱년기, 우울할 때, 음란한 생각이 들 때, 폭음 시기.

어디서

숲, 산림, 국립공원, 공원, 바다, 시골, 산골, 호텔, 신혼여행지, 음란한 술

집, 윤락가, 홍등가, 불륜현장.

무엇을

긍정적 키워드 성숙, 짙은 녹음, 숙성, 성장, 완숙, 무르익음, 농익은, 극복, 직관, 신비, 통찰, 발전, 중후한, 신중한, 능숙한, 전문가, 노련한, 숙련된, 세련된, 포용, 인내하는, 연구하는, 속 깊은, 조절하는.

부정적 키워드 속을 알 수 없는, 노회한, 사기꾼, 조울증, 양극성 정동장애, 충돌조절장애, 분노조절장애, 리플리증후군, 이중적, 양면적, 조종하는, 희롱하는, 그루밍 성범죄.

어떻게

긍정적 마음과 행동 성숙한, 지켜보는, 느긋하게, 진중하게, 책임감 있는, 성찰하는, 직관력 있는, 경험이 많은, 능숙한, 심사숙고하며, 진지하게, 능력 있는, 장엄한, 원숙한, 심오한, 권위가 있는, 중후한, 신중하게, 듬직한, 보호하는.

부정적 마음과 행동 속을 알 수 없는, 이중적인, 권위적으로, 까다로운, 강압적으로, 조종하는.

왜

긍정적 이유 여유가 있어서, 책임감이 있어서, 심사숙고해서, 신중해서, 권위가 있어서, 중후해서, 듬직해서, 믿음직스러워서, 경험이 많아서.

부정적 이유 권위적이어서, 속을 알 수 없어서, 강압적이어서, 냉정해서.

● 실전 해설

금 전	금전운이 좋지 않다, 희생 끝에 결과가 있다, 금전으로 고민이 생긴다.
사 업	스트레스를 받는 일이 생긴다, 믿고 배려하다 손해를 본다, 냉철함이 요구된다.
취 업	고생 끝에 결과가 있다, 최선을 다하면 성과가 있다, 방심하지 마라.
학 업	창의성이 발휘된다, 토론형 교육이다, 동영상 교육 등에서 능력을 발휘한다, 논술실력이 향상된다.
매 매	노력한 만큼 성사된다, 큰 이익은 없지만 결과는 있다.
당 선	적극성을 발휘하면 이루어진다, 인기가 많다, 도움을 주는 사람이 많다.
연 애	상대를 위해 희생한다, 인내한다, 평화와 따뜻함이 함께 한다, 남모를 고민이 있다.

● 예술작품

그 림	마르크 샤갈 〈꽃다발과 하늘을 나는 연인들〉, 빈센트 반 고흐 〈별이 빛나는 밤에〉, 에두아르 마네 〈생라자르 역〉.

보라색

VIOLET

火 + 木
^화   ^목

● 색 상 의 특 성 과 성 정

품격과 품위, 고상함이 함께하는 색채이다. 두려움과 공포를 해소하고 불안한 마음을 정화시키는 역할을 한다. 정서적 안정감과 정신적 안정감을 준다. 감수성과 감각을 확장시켜주고 조절해준다. 예술성과 신앙심을 배가시키는 특성이 강하다. 우아하고 화려하며 풍부한 기운이 강하고, 위엄도 있고 장엄하다.

이들은 분위기에 따라 감정기복이 있고 감수성과 감각이 발달되어 있다. 고급스럽고 세련된 장소, 러블리한 장소를 선호한다. 매우 여성적인 감수성을 지니고 있다. 석양을 보면서도 감동하고, 비가 오는 날은 비를 맞으며 걷기도 하는 낭만파이다. 재즈바에서 와인 한 잔을 마시고 싶어하는 등 자기만의 세계가 뚜렷하다.

● 색상의 연상·색상의 키워드

장 점	우아함, 풍부함, 화려함, 고귀함, 예술성, 신앙심, 고상함, 품격 있음, 위엄이 있음, 장엄함, 현명함, 감수성이 풍부함, 직관적인, 감각적인, 섬세한, 신비로운, 재능이 뛰어난, 신성한, 지능이 높은, 응용력이 강한, 창의성이 있는.
단 점	슬픔, 고독함, 외로움, 비애, 불만이 있는, 질투심, 광기가 넘치는, 공포심이 있는, 분노하는, 욕구불만인, 불안정한, 고집이 센, 어울리지 못하는, 애정의 욕구가 심한, 불안한, 경솔한.

색채심리 활용

정서적으로 안정적일 때는 자신감이 있고 화사함과 화려함, 고귀함을 지닌 인품과 행동으로 창의성과 창조성이 풍부하게 발휘되는 색상이다.

정서적으로 불안정할 때는 우울하고 쉽게 상처받으며 감정기복이 심해 이중적이고 다중적인 성격이 나타나고, 스스로 자신을 조절할 수 없는 복잡함이 존재하는 상태가 된다.

몸과 마음이 피로하고 스트레스를 받고 있을 때 보라색을 활용하면 도움이 된다. 빨간색의 열정적 에너지와 파란색의 자유롭고 인정받고 싶은 에너지가 공존한다. 감각과 직관이 공존하는 보라색은 정신적인 안정감과 적당한 자신감을 북돋아준다.

직업 적성

연예, 방송, 예술, 무용, 미술, 음악, 패션, 정신과의사, 상담사, 철학, 인테리어디자이너, 헤어디자이너, 패션디자이너, 컬러 분석, 교육, 상담심리, 영성, 종교, 역학자, 타로 전문가, 미래학자.

무언의 메시지와 커뮤니케이션

보라색이 의미하는 무언의 메시지는 「인정받고 싶다, 위로가 필요하다, 사람이 그립다, 자유로운 영혼이 되고 싶다, 나만의 공간이 필요하다, 낭만적 정서가 커진다, 변화를 만들어가고 싶다, 감수성이 향상된다, 창의력과 상상력이 확장된다」 등이다.

색상의 집착

보라색에 집착할 때는 자신의 설렘을 유지하고 싶을 때, 첫사랑이나 짝사랑이 생겼을 때, 자신만의 무드를 즐기고 싶을 때, 타인의 사랑을 독차지하고 싶을 때, 센티멘탈해지고 감정기복이 심할 때, 자신의 감정을 자신도 잘 모를 때이다.

과다와 거부

과다할 때 극단적 과다는 조증과 울증이 번갈아 나타나고, 사회 적응력이 떨어진다. 반면에 적당한 과다는 감수성이 뛰어나고 예술성과 창의성이 풍부해진다.

거부할 때 자신감과 자존감이 낮아지며 타인의 뒷말을 많이 하게 된다.

건강

백혈구, 정신질환, 감수성을 조절하고 관장한다.

누가

긍정적일 때 로맨틱한 사람, 호기심이 가득한 사람, 우아한 사람, 매력적인 사람, 신비한 사람, 세련된 사람, 섬세한 사람, 호감이 가는 사람, 품위 있는 사람, 품격 있는 사람, 고상한 사람, 고매한 사람, 예술성이 있는 사람, 창의력 있는 사람.

부정적일 때 가벼운 사람, 몽상적인 사람, 자제력이 부족한 사람, 본능에 이끌리는 사람, 유혹에 끌리는 사람, 방황하는 사람, 비현실적인 사람, 좌절하는 사람.

언제

환절기, 새벽, 석양, 춘분, 추분, 초겨울, 노년의 시작, 부활절, 생리시기, 배란기, 고독할 때, 우울할 때, 떠나고 싶을 때, 이별했을 때, 실패했을 때, 고민이 많을 때.

어디서

타국, 타지, 객지, 지평선, 수평선, 사원, 성당, 교회, 절, 수도원, 수녀원, 박물관, 미술관, 공원, 요가원, 상담실, 병원, 정신병원, 영안실, 나이트클럽, 고급술집.

무엇을

긍정적 키워드 고귀, 고급, 고상, 고결, 고매, 기품, 품격, 품위, 위엄, 존엄, 우아, 신비, 세련, 로맨틱, 명품, 영성, 종교, 예술, 의학, 역학, 꿈, 몽상, 예지, 휴식, 환상, 지혜, 창의성, 감성, 사랑, 예지력, 초능력, 초연, 초월.

부정적 키워드 유혹, 갈등, 비정상, 콤플렉스, 불안, 분열, 방황, 주저, 복종, 체념, 좌절, 포기, 자신감 결여, 미숙, 침전, 도취, 중독, 시련, 우울, 희생, 비밀, 수난, 고독, 망설임, 주저, 애매모호, 유약, 나약.

어떻게

긍정적 마음과 행동 품위 있게, 매력적으로, 자비롭게, 섹시하게, 기품 있게, 창조적으로, 예술적으로, 우아하게, 로맨틱하게, 환상적으로, 창의적으로, 감성적으로, 감각적으로, 사랑스럽게, 예지력이 있는, 고상하게, 신비롭게, 독특하게.

부정적 마음과 행동 혼란스러운, 질투하는, 비밀을 간직한, 감정기복이 심한, 너무 독특한, 튀는, 도드라진.

색채타로 종합분석_ 보라색

왜

긍정적 이유 매력적이어서, 섹시해서, 품위 있어서, 품격 있어서, 창조적이 어서, 로맨틱해서, 창의성이 있어서.

부정적 이유 혼란스러워서, 감정기복이 커서, 너무 튀어서, 질투해서, 음란 해서, 감정조절이 부족해서.

● 실 전 해 설

금 전	개인적인 용도에 씀씀이가 크다, 사업을 너무 확장해 지출이 많아진다.
사 업	연예사업·방송사업·지식산업·연구사업 등에 이익이 크다, 다른 사업은 금전운이 나쁘다.
취 업	의학·교육·철학·상담 등의 분야에 유리하다, 예술성이 뛰어나고 아이디 어가 인정된다, 기획력이 탁월하다.
학 업	생각이 많다, 집중하라, 예민함을 버리고 여유를 가져라, 집중할 때 성과 가 크다.
매 매	사기를 조심하라, 신중하게 처리할 때 성사된다, 손해를 감수하라.
당 선	구설수를 조심해야 한다, 음모에 휘말리는 상황을 조심하라, 일처리를 꼼 꼼하게 처리하라, 일을 시작할 때 미리 계획하고 치밀하게 해라.
연 애	속마음을 알기 어렵다, 감정기복이 심하다, 질투한다.

● 예 술 작 품

그 림	클로드 모네 〈화가의 지베르니 정원〉, 〈수련〉, 패트릭 헤론 〈보라색, 주홍 색, 에메랄드, 레몬 그리고 베네치아풍의 카드뮴〉, 구스타프 클림트 〈에밀 리 플뢰게〉.

자주색

PURPLE

$$\overset{\text{화}}{火}+(\overset{\text{목}}{木}+\overset{\text{화}}{火})$$

● 색 상 의 특 성 과 성 정

자주색은 신비롭고 환상적이며 여성적인 섬세함과 부드러움이 있다. 옴므파탈적인 사랑과 애정, 도발적, 성적 이미지 등이 존재한다. 우아함과 섹시함이 함께하고 정열과 고통, 화려함과 품격이 공존한다. 감수성이 풍부하고 미적 감각이 뛰어나다. 주변 사람들이 소화할 수 없는 자신만의 패션감각이 뛰어나다. 개성 강한 특별함이 존재하여 자신만의 생각과 행동으로 자신만의 세계를 구축한다.

● 색상의 연상·색상의 키워드

장 점	신비로움, 환상적, 섹시함, 우아함, 감상적, 사랑스러운, 여성적, 섹슈얼함, 정력적, 용감한, 영적인, 숭고한, 창의적인, 감수성이 있는, 감각적인, 고급스러운, 섬세한.
단 점	도발적, 공상적, 몽환적, 조울증, 감정적인, 감정기복이 큰, 우울한.
사 물 (음식)	적양파, 가지, 적채, 블루베리, 포도, 자두, 건포도, 검은색콩, 산딸기.

색채심리 활용

정서적으로 건강하고 안정적일 때는 기분이 좋아지고 행복하며, 새롭고 창의적인 생각이 샘솟는다. 능률도 두 배로 향상된다. 주변 사람들에게 친절하며 관계성도 좋아진다.

정서적으로 불안정할 때는 우울하고 감정기복이 심해진다. 자신을 조절하기 어렵고 숨거나 훌쩍 떠나고 싶은 생각이 많아진다.

감수성을 발휘해야 할 때, 창의력을 발휘할 때, 발명품을 만들 때, 연인과 데이트할 때, 연구할 때, 글을 쓸 때 자주색을 활용한다.

직업 적성

영화배우, 뮤지컬배우, 연예, 카페 CEO, 무용가, 작가, 연구원, 발명가, 명상가, 종교인, 상담가, 타로마스터, 웨딩플래너.

무언의 메시지와 커뮤니케이션

자주색은 감정기복이 심하다. 마음 속으로 「어딘가 떠나고 싶다, 산사에 가고 싶다」라고 말한다. 그러면서 생각이 많아지고 강박증이 생긴다. 쉽게 안정을 찾지 못한다. 감수성 지수가 오른다.

색 상 의 집 착

자주색에 집착할 때는 자신을 드러내고 싶을 때, 인정받고 싶을 때, 감정이 업되고 감수성이 발달할 때, 자신감이 넘쳐날 때, 누군가를 도울 때이다.

과 다 와 거 부

과다할 때 자존감이 강해지고 자만심이 세진다. 천상천하유아독존으로 세상에 자신이 최고이다.

거부할 때 차분하고 안정적이고 맡은 바 꾸준히 완성해 나간다.

건 강

고혈압, 심장, 혈관계통 질환을 관장한다.

누 가

긍정적일 때 예지력이 있는 사람, 지혜가 있는 사람, 혜안이 있는 사람, 상상력이 있는 사람, 영감이 발달한 사람, 생각하는 사람, 환상적인 사람, 신비로운 사람, 옴므파탈적인 사람, 다양한 사람, 변화가 있는 사람, 감수성이 있는 사람, 예술성 있는 사람, 끼가 있는 사람, 영화인, 예술인, 방송인, 문학인, 자의식이 강한 사람, 영성이 뛰어난 사람.

부정적일 때 환시를 보는 사람, 조울증이 있는 사람, 감정기복이 심한 사람, 속 모를 사람, 염세주의자, 혹세무민하는 사람, 고독한 사람, 독선적인 사람, 잘난 척하는 사람, 고집불통인 사람, 혼란스러운 사람, 편협한 사람.

언 제

늦가을, 초겨울, 늦은 저녁, 이른 새벽, 명상할 때, 기도할 때, 늑대와 개의 시간, 술에 취했을 때, 혼미할 때, 약에 취했을 때.

어디서

잠자는 방(침실), 사찰, 성당, 교회, 마취실, 응급실, 밀실, 영화관, 휴게실,
지하철, 정신병원, 심리연구소, 점집, 상담소, 한의원, 명상센터, 장례식장,
포교원, 기도원, 영안실, 화장장.

무엇을

긍정적 키워드 종교, 철학, 진리, 초현실, 우주, 최면, 심리, 지혜, 영감, 명
상, 꿈, 신비, 불가사의, 고전, 역사, 여왕, 사제, 종교인, 전생, 초능력, 투
시, 예시, 예지, 비전, 변화, 엄숙, 장엄, 승화, 초연, 초월, 환상, 성찰, 포용.
부정적 키워드 죽음, 마취, 마약, 혼미, 혹세, 염세, 혼란, 혼돈, 고독, 독신,
환각.

어떻게

긍정적 마음과 행동 감수성이 풍부하게, 예지력으로, 장엄하게, 고상하게,
초연하게, 기도하며, 환상적이게, 지혜롭게, 영감을 가지고.
부정적 마음과 행동 현혹되게, 혹세무민하게, 감정기복이 심하게, 종잡을
수 없게, 혼미하게, 정신없게.

왜

긍정적 이유 감수성이 풍부해서, 예지력이 뛰어나, 장엄해서, 고상해서, 초
연해서, 기도해서.
부정적 이유 현혹되어, 혹세무민해서, 속을 알 수 없는 사람이라, 혼란스러
워, 감정기복이 커서.

● 실 전 해 설

금 전 종잡을 수 없는 금전거래.

사 업 혼란스러운 상태이다, 복잡한 거래.

취 업 더욱 열심히 해야 한다, 면접에서 어려울 수 있으니 준비를 철저히 해야 한다.

학 업 시험에 합격, 평소의 실력을 발휘한다.

매 매 손해를 본다, 일확천금의 생각에서 벗어나라.

당 선 은밀한 거래로 인한 구설수를 조심하라, 힘든 상황이다.

연 애 특별한 사랑, 음란한 사랑, 혼란스러운 사랑, 끝없는 사랑, 깊은 사랑, 빠져나올 수 없는 사랑.

● 도 움 이 되 는 예 술 작품

그 림 피테르 브뤼헐 〈장님들의 우화〉, 장-시메옹 샤르뎅 〈꽃병에 꽂힌 꽃〉, 페테르 파울 루벤스 〈인동덩굴 그늘에서 부인 이사벨라 브란트와 함께 있는 화가의 자화상〉.

와인색

BURGUNDY

$$火 + (火 + 水)$$
화　　화　수

● 색상의 특성과 성정

생각이 많고 신중하며 안정적이다. 안전을 중시하고 안전을 위해 정보수집을 많이 하며, 고상하고 지적수준을 높이는 데 관심이 많다. 머리가 총명하며 고급스럽고 옴므파탈적이며 신비롭다. 스트레스를 받으면 꾸밈이 많으며 속을 알기 어렵고, 거짓으로 행동한다. 소비가 과도하고 음흉하고 가식적이며 음탕하다.

● 색상의 연상·색상의 키워드

장 점	총명하다, 정보가 많다, 지식이 많다, 지혜롭다, 명예를 소중하게 생각한다, 신비롭다, 머리가 좋다, 고급스럽다, 안정적이다, 꾸준하다, 신중하다.
단 점	겉과 속이 다르다, 거짓이 많다, 가식적이다, 결정장애가 있다, 판단력이 떨어진다, 우유부단하다, 생각만 한다, 행동하지 못한다.

색채심리 활용

정서적으로 안정될 때는 고급스럽다, 심사숙고한다, 품격 있다, 여유가 있다, 중후하다.

정서적으로 불안정할 때는 우울하다, 심각하다, 음흉하다, 잠적한다, 은둔한다, 감춘다, 집착한다.

직업 적성

연구원, 전문직, 과학자, 교수, 수학자, 약사, 물리학자, 화학자, 기술자, 제조업자, 회계사, 통계전문가, 감정평가사.

무언의 메시지와 커뮤니케이션

와인색이 의미하는 무언의 메시지는 「생각하고 싶다, 멋있게 보이고 싶다, 인정받고 싶다, 성공하고 싶다, 용기 있는 모습을 보이고 싶다, 도움 받고 싶다, 품격 있고 싶다, 고급스럽게 보이고 싶다」 등이다.

색상의 집착

와인색에 집착할 때는 다른 사람의 시선을 받고 싶을 때, 칭찬받고 싶을 때, 고급스럽고 싶을 때, 지식에 목마를 때, 공부의 욕구가 솟구칠 때이다.

과다와 거부

과다할 때 자기가 머리 좋고 총명하며 품격이 있다고 생각하며 자기 생각

색채타로 종합분석_ 와인색

에 도취된다. 또 고급스럽고 사치스러운 행동에 몰입하여 명품 구매에 몰입하거나 리플리증후군으로 타인을 속이는 행동을 할 수 있다.

거부할 때 집중력이 부족하다. 책 읽기나 지식습득에 거부반응을 보인다. 밖에서 편하게 놀고먹는 것에 집중하는 타입이다.

건 강

신장, 방광, 자궁, 전립선, 항문 질환을 조심해야 한다.

누 가

긍정적일 때 대인관계가 무난한 사람, 진중한 사람, 신중한 사람, 생각이 깊은 사람, 연구하는 사람, 관용적인 사람, 총명한 사람, 품격 있는 사람.

부정적일 때 음흉한 사람, 속을 모르는 사람, 걱정이 많은 사람, 우유부단한 사람, 결정장애가 있는 사람, 술에 취한 사람.

언 제

늦가을, 초겨울, 늦은 저녁, 낙태시기, 우울한 시기.

어 디 서

지하, 와인바, 술집, 연구실, 극장, 침실, 모텔, 윤락가, 마약 장소, 노름 장소.

무 엇 을

긍정적 키워드 연구, 안정, 생각, 진중, 신중, 경청, 청취, 계산, 수리, 수학, 통계, 고요, 조용, 정신, 통신, ICT(정보통신기술), 벤처.

부정적 키워드 먹구름, 어둠, 슬픔, 걱정, 고민, 까다로운, 감정기복이 심한, 우울.

어떻게

긍정적 마음과 행동 융통성 있게, 생각이 깊게, 편안하게, 교감하며, 신중하게, 진중하게, 함께하는, 감수성이 발달된, 끈기 있는, 고집이 있는, 아이디어가 뛰어난.

부정적 마음과 행동 고집이 센, 속을 알 수 없는, 표현하지 않는, 결정하지 못하는, 우유부단하게.

왜

긍정적 이유 융통성이 있어서, 편안해서, 신중해서, 감수성이 뛰어나서, 끈기가 있어서.

부정적 이유 꼴통 기질이 있어서, 대화가 안 되어서, 자기 주장이 강해서, 우유부단해서.

● 실전 해설

금 전	노력한 만큼 이익이 있다, 요행은 바라지 마라.
사 업	노력한 만큼 이익이 있다, 최선을 다해야 한다, 고집부리다 손해 본다.
취 업	큰 기대는 하지 마라, 노력한 만큼의 소득은 없다.
학 업	노력한 만큼 결과가 있다, 적극적으로 도전하라.
매 매	부동산을 매입하면 이익이 생긴다, 판매에는 큰 이익이 없다.
당 선	성실성은 인정되나 융통성이 부족하다, 조금 더 노력해야 한다.
연 애	은밀한 사랑, 금욕적인 사랑, 완고한 주장으로 인한 갈등을 조심하라.

● 예술작품

그 림	에두아르 마네 〈풀밭 위의 점심식사〉.
영 화	배리 젠킨스 감독 〈문라이트〉, 라이언 머피 감독 〈먹고 기도하고 사랑하라〉.

흰색

WHITE

金 ^금

● 색상의 특성과 성정

흰색은 순결함, 순수함, 투명함, 원칙, 완벽함의 색이다. 미래나 일의 계획이 흰색처럼 잘 정리정돈되어 있어야 하며 준비된, 계획된, 빈틈없는, 자신의 감정이 잘 드러난 상태여야 한다. 청결하고 하얀, 맑은, 티끌을 허용하지 않는 색이다.

모든 일에 계획을 세우고 구체화시키며 현실적인 삶을 추구한다. 그래서 연애에서도 시간 약속부터 식당이나 영화관 등을 미리 계획하고 준비해야 하며, 자신이 준비한 스케줄에 따라 움직일 때 마음이 편하다. 상대가 내 의견을 따라줄 때 적극적으로 이끌면서 반드시 더치페이나 상대가 모두 해결할 때 마음의 안정을 느낀다. 다만, 약속을 지키지 않거나 일방적으로 자신에게 데이트 비용을 부담시키면 감정이 멀어지고 어느 순간 단절하게 된다.

● 색상의 연상 · 색상의 키워드

장 점	청결, 위생, 병원, 위생복, 순수, 순진, 맑음, 순결, 종교, 회개, 정확, 성숙, 신중, 겸손, 단념, 회상, 단호, 완벽, 개혁, 혁명, 결단, 빛, 밝음, 선함, 신, 깨달음, 부활, 영적임, 지혜, 엄격함, 깨끗함, 명료함, 시원함, 솔직함, 순수함, 절대적 자유, 긍정적, 투명성.
단 점	추움, 유령, 무감각, 차가움, 감정의 결여, 엄격함, 경직됨, 공허함, 절망감, 금욕적인, 흰눈, 무기력한, 고지식한, 고집이 센, 자기 아집이 강한, 집착하는, 결벽증이 있는.
사 물 (음식)	마늘, 버섯, 콩나물, 양파, 도라지, 브로콜리, 무, 감자, 바나나, 옥수수, 병원, 위생복.

색채심리 활용

정서적으로 안정적일 때는 주변 환경에 흔들리지 않고 침착하고 여유롭고 냉정하게 자신을 컨트롤한다. 모든 일에 초월한 듯 욕망을 버리고 순수하고 밝은 정신으로 능숙하게 전진해 나간다.

정서적으로 불안정할 때는 완벽에 집착한다. 집착과 결벽 등의 행동으로 자신과 주변 사람들을 피곤하게 하고 매사에 지적, 비판을 하며 실수를 용서하지 못하는 상태이다. 혼란스럽고 복잡할 때, 자신의 감정을 억누르고 비워야 할 때 흰색을 활용하면 좋다.

직업 적성

종교, 공학(컴퓨터 · 기계 · 로봇), 디자이너, 조각가, 요리사, 헤어디자이너, 언론, 방송, 군인, 경찰, 철학, 정치, 학술, 연구, 작가, 과학자, 의술, 의료, 스포츠, 개그, 코미디, 웨딩플래너.

무언의 메시지와 커뮤니케이션

흰색이 의미하는 무언의 메시지는「스트레스가 있다, 타인과 얽히고 싶지 않다, 나만의 공간이 필요하다, 감정기복이 심하다, 새로운 아이디어가 솟아난다, 상상력이 발달한다, 편안하고 안정적인 감정이 생긴다, 스트레스가 완화된다」 등이다.

색상의 집착

흰색에 집착할 때는 자신의 감정을 억제하고 싶을 때, 깔끔하고 빈틈없는 모습을 보이고 싶을 때, 순수하고 맑은 모습을 강조하고 싶을 때, 종교적이거나 지적인 면을 드러내고 싶을 때, 권위와 기품을 보여주고 싶을 때이다.

과다와 거부

과다할 때 흰색의 과다한 사용은 현실사회를 거부하게 만들고, 자기폐쇄나 단절을 가져온다. 적당한 사용은 계획성과 완성도가 높아지고 실수 없이 깔끔한 능력을 발휘한다.

거부할 때 자기 통제, 자기 억제가 부족하고 맺고 끝내는 것이 없이 산만하다.

건강

대장, 폐, 정신질환, 전신마비를 포함한 기능장애 등을 관장한다.

누가

긍정적일 때 완벽한 사람, 계획하는 사람, 단순한 사람, 정리하는 사람, 정돈하는 사람, 순수한 사람, 순진한 사람, 집중하는 사람, 마무리를 잘하는 사람, 완성하는 사람, 책임감 있는 사람, 분석력 있는 사람, 일관성 있는 사람, 구조화하는 사람, 구체적인 사람, 정확한 사람, 정직한 사람, 솔직한 사람, 진정성이 있는 사람, 정의로운 사람, 냉철한 사람, 신중한 사람, 끈기 있는 사람, 잔잔한 사람, 과묵한 사람, 침묵하는 사람, 숙고하는 사람, 성찰하는 사람, 신념 있는 사람, 현실적인 사람, 사명감이 있는 사람.

부정적일 때 극단적인 사람, 결벽증이 있는 사람, 잔소리하는 사람, 감각이 없는 사람, 까칠한 사람, 냉정한 사람, 냉혹한 사람, 자책하는 사람.

언 제

가을, 저녁, 해질 무렵, 석양, 백야, 처음 시기, 시작 시기, 공백기, 휴가기, 휴식기, 연구 시기, 정리정돈 시기, 태어날 때, 죽음 시기, 임종 시기, 폐업 시기, 노년기, 준비가 안 된 시기.

어 디 서

서쪽, 바위, 종교시설(성당 · 절 · 교회), 수련장, 기도원, 도서관, 병원, 사막, 세미나실, 회의실, 연구실, 세탁소, 영안실, 불모지, 전쟁터.

무 엇 을

긍정적 키워드 눈, 흰 구름, 가을, 낮, 백합, 금(金), 백야, 다이아몬드, 금속, 소금, 빛, 순결, 순수, 고상, 품격, 기품, 매력, 세련, 깔끔, 절제, 계획, 진리, 정의, 지혜, 정직, 결백, 공정성, 완벽, 결단, 통찰력, 현실적, 이성적, 명확, 명료, 숭고함, 청결, 정결.

부정적 키워드 결벽, 독선, 독재, 아집, 고집, 비판, 무관심, 공포, 극단, 차가움, 자기중심적, 이기적, 냉정, 냉담, 냉혹.

어 떻 게

긍정적 마음과 행동 깔끔하게, 청결하게, 정결하게, 순수하게, 순진하게, 완벽하게, 경건하게, 신성하게, 성실하게, 정직하게, 신의 있게, 믿음성 있게, 세련되게, 정돈되게, 빈틈없이, 현실적으로, 이성적으로, 명료하게, 명확하게, 정확하게, 냉철하게.

부정적 마음과 행동 냉정하게, 냉담하게, 무관심으로, 냉혹하게, 비판적으로, 독재적으로, 결벽증으로, 이기적으로, 자기중심적으로, 잔소리하며.

왜

긍정적 이유 정직해서, 순수해서, 깔끔해서, 완벽해서, 경건해서, 근엄해서, 품격 있어서, 고귀해서, 정리정돈을 잘해서, 정직해서, 확실해서.

부정적 이유 고집이 세서, 이기적이어서, 잔소리가 심해서, 비판적이어서, 빈틈이 없어서, 냉혹해서, 자기중심적이어서, 냉정해서.

● 실 전 해 설

금 전	재물운이 없다, 금전이 없다, 새로운 기회가 온다.
사 업	새로운 시작, 새로운 전진, 아직은 백지상태.
취 업	취업이 어렵다, 승진이 어렵다, 현재를 지키거나 자리를 그만둔다.
학 업	공부에 매진한다, 집중한다, 백지상태가 된다.
매 매	쉽게 팔린다, 사기를 당할 수 있다.
당 선	이번에는 기회가 없다, 불가능하다, 깨끗한 정치를 한다.
연 애	약속을 지켜야 한다, 계획을 세워야 한다.

● 예 술 작 품

그 림	제임스 애벗 맥닐 휘슬러 〈흰색의 교향곡 1번〉, 〈하얀 옷을 입은 소녀〉, 장 밥티스트 우드리 〈흰 오리〉, 존 싱어 사전트 〈프라스카티의 빌라 토를로니아 저택의 분수〉, 피에트 몬드리안 〈국화〉.
영 화	스티븐 스필버그 감독 〈쉰들러 리스트〉.

투명색

TRANSPARENT

$$\underset{\text{금}}{金} + \underset{\text{수}}{水}$$

● **색상의 특성과 성정**

자신의 감정과 행동에 솔직하고 직설적이며 투명하다. 순수한 면과 차가운 면의 양
면성이 있다. 좋은 사람과 싫은 사람, 좋아하는 일과 싫어하는 일에 대해 표정이 쉽게
드러난다. 시원시원한 성격이며 금전, 회계 등을 빈틈없이 처리한다. 정직하고 정확
한 일처리 능력이 있으며, 정확해야 하는 업무에 어울린다. 또한 공과 사가 명확하다.
다만 인간적인 정이나 융통성이 부족하고 순간적인 대처능력이 부족하다.

● 색상의 연상·색상의 키워드

장 점	가능한, 투과하는, 연결하는, 예리한, 합리적인, 투명한, 공감하는, 연대하는, 거대한, 예측하는, 깨닫는, 규칙적인, 반복적인, 일관된, 보이는, 교차하는, 공존하는, 함께하는, 교류하는, 곳곳에, 꿰뚫어 보는, 이론가, 탐험가, 행복한, 온화한, 산뜻한, 아름다운.
단 점	명확하지 않은, 확증이 없는, 무의미한, 부재하는, 체념하는, 엿보는, 감시하는, 감시당하는, 노출된.

색채심리 활용

정서적으로 안정될 때는 감정에 충실하다, 거짓 없이 순수하다, 매사에 투명하게 처리한다, 누구나 공평하게 대한다, 숨김없이 드러낸다, 솔직하게 대한다.

정서적으로 불안정할 때는 단순하다, 아무 생각이 없다, 바보 같다, 지나치게 솔직하다, 자기 주장이 없이 이리저리 끌려다닌다.

직업 적성

X레이 촬영기사, 안경사, 세무사, 회계사, 신부, 수녀, 목사, 승려, 영화, 광고, 홍보, 패션, 의상, 유행, 무용, 배우, 연출, 마술, 기획, 개그맨, 코미디언, 컬러전문가, 조명전문가, 디자이너, 사진사, 만화가, 화가, 정치인.

무언의 메시지와 커뮤니케이션

투명색이 의미하는 무언의 메세지는 「아무것도 하기 싫다, 순수하게 살고 싶다, 투명하게 드러내고 싶다, 감정을 솔직하게 표현하고 싶다, 열심히 하고 싶다, 속세를 떠나고 싶다」 등이다.

색상의 집착

투명색에 집착할 때는 솔직할 때, 공평하고 싶을 때, 어리석을 때, 우유부단할 때, 아무 생각이 없을 때이다.

과 다 와 거 부

과다할 때 단순하고 솔직하며 아무 생각이 없는 사람이다

거부할 때 복잡하고 산만하며 급하다. 늘 정신없이 바쁘다. 앞과 뒤의 말이
다르고 감정기복이 심하다.

건 강

얼굴, 머리, 외상, 교통사고를 유의해야 한다.

누 가

긍정적일 때 순수한 사람, 확실한 사람, 순진한 사람, 선명한 사람, 명료한
사람, 분명한 사람, 청결한 사람, 깔끔한 사람, 철학하는 사람, 현명한 사
람, 신, 하느님, 옥황상제, 리더인 사람, 연예인, CCTV 관리자, 감시원, 교
도관, 미래학자, 사주전문가, 타로마스터, 점성학자, 예측하는 사람, 단순
한 사람, 명랑한 사람.

부정적일 때 멍청한 사람, 아무 생각이 없는 사람, 가난한 사람, 바보 같은
사람, 스토커.

언 제

낮시간, 모든 시간, 사계절, 동시에, 언제나, 영원히, 항상, 실시간으로, 하
루 종일.

어 디 서

광장, 사방이 트인 곳, 한가운데, 집중되는 곳, 유리로 된 집, 감시당하는
집, 교도소, 운동장, 도로 한가운데, 산꼭대기, 옥상, 스카이라운지, 하늘
공원.

무엇을

긍정적 키워드 일관성, 실시간, 동시성, 공시성, 분명, 명확, 획일, 조정, 감독, 단순, 투명, 하늘, 바다, 수평선, 지평선, 꼭대기, 옥상, 광장, 운명, 미래예측, 우주, 음양오행, 순진, 깨끗, 허공, 청명, 순수, 청결, 설계자, 신(神), 조물주, 연구가, 박사, 소통, 현자, 텔레파시, 영감, 통계학자, 사령관, 감독관, 빛, 사통팔달, 지적도, 항해도, 공감, 건강, 신체(피부 · 얼굴 · 손 · 발 · 머리 · 치아 · 습진 · 탈모).

부정적 키워드 감시, 체념, 단순, 바보, 획일, 통제.

어떻게

긍정적 마음과 행동 수수하게, 치밀하게, 투명하게, 정교하게, 예외 없이, 모두, 완벽하게, 정밀하게, 조직적으로, 감시하며, 일망타진하며, 단순하게, 일관성 있게, 빈틈없게.

부정적 마음과 행동 꼼짝하지 못하게, 숨도 못 쉬게, 감시하며, 통제하며, 바보 같은, 생각 없는.

왜

긍정적 이유 순수해서, 순진해서, 꼼꼼해서, 완벽해서, 정밀해서, 완전해서, 소통해서, 이심전심이어서, 교육해서, 투명해서.

부정적 이유 통제해서, 바보 같아서, 아무 생각 없어서, 공포에 질려서.

● 실 전 해 설

금 전	금전거래가 투명하다, 단순하다, 이익이 없다.
사 업	사업이 원활하다, 사업이 단순하다, 쉽게 해결된다.
취 업	경쟁자가 없다, 쉽게 합격한다.
학 업	100점이거나 0점이다, 문제가 너무 쉽다.
매 매	쉽게 성사된다, 투명한 거래이다.
당 선	인기가 많다, 모든 것이 다 밝혀진다.
연 애	순수한 연애를 한다, 짝사랑을 한다, 솔직한 연애.

TRANSPARENT

색채타로 종합분석_ 투명색

회 색

GRAY

水 + 金
_수   _금

● 색상의 특성과 성정

회색은 안정적이고 우유부단하며 열정과 결단성이 부족하다. 매사에 차분하고 침착
하지만, 하는 일에 매력을 느끼지 못하고 불만이 있다. 아이디어, 기획력, 상상력, 수
리력, 감수성이 뛰어나 음악, 문학, 컴퓨터, 공학 등의 방면에서 뛰어난 능력을 발휘
하는 사람들이 많다.

진지하고 중후하며, 규칙이나 조직에 잘 적응한다. 참모의 기질이 뛰어나다. 어려움을
회피하고 강박증이 있다. 안전성이 깨지면 흔들린다. 속마음을 잘 드러내지 않는다.

● 색상의 연상·색상의 키워드

장 점	감성적, 상상력, 창의성, 고상한, 신중한, 성숙한, 차분한, 안정된, 회개하는, 중후한, 무게 있는, 엄숙한, 생각이 깊은, 나이가 들어가는, 원숙한.
단 점	우울, 축축함, 습기, 이중성, 불안, 슬픔, 꿍꿍이속, 거짓말, 뒷조사, 비밀, 모사꾼, 기회주의, 험담, 원만하지 못한, 우중충한, 지루한, 피로한, 무관심, 애수에 찬, 무기력한, 흔들리는, 예민한, 단념하는, 불안한, 의기소침한, 후회하는, 소극적인, 쓸쓸한.
사 물 (음식)	스님, 안개, 새벽, 신부, 수녀.

색채심리 활용

정서적으로 건강하고 안정적일 때는 새로운 아이디어가 떠오르고 상상력과 창의력을 통한 창작 열의가 생긴다. 미래에 대한 희망과 열정이 샘솟는다.

정서적으로 불안정할 때는 불안한 감정이 많아지고 두려움이 커진다. 자신이 하는 일에 자신감이 떨어진다. 사람과의 관계에서도 쉽게 다가가지 못하며 자신의 감정을 드러내지 못한다.

회색은 창의력을 발휘해야 할 때, 상상력과 아이디어를 떠올려야 할 때, 연구나 정보수집을 해야 할 때 활용하면 좋은 색상이다.

직업 적성

연구, 회계, 전산, 컴퓨터, 작가, 약학, 교육, 기계공학, 약사, 의사, 물리, 화학.

무언의 메시지와 커뮤니케이션

회색이 의미하는 무언의 메시지는 「걱정이 많다, 숨기고 싶다, 생각이 많다, 스트레스가 심하다, 조용히 있고 싶다, 자신감이 없다, 우울하다」 등이다. 하지만 그만큼 상상력이 뛰어나다.

GRAY

색 상 의 집 착

회색에 집착할 때는 창의력을 발휘해야 할 때, 암기를 해야 할 때, 정보수
집을 해야 할 때, 계산해야 할 때, 전산 업무를 할 때, 상상력과 아이디어가
필요할 때, 글을 쓸 때이다.

과 다 와 거 부

과다할 때 너무 과도한 사용은 폐쇄적이고 우울함을 배가시킨다. 적당한
사용은 새로운 아이디어와 기획력이 뛰어나고 감수성이 발달한다.
거부할 때 산만하고 안정감이 떨어진다. 역마살이 발휘된다.

건 강

우울증, 알러지, 과민성, 스트레스성, 신경성, 불면증, 위염을 주의한다.

누 가

긍정적일 때 현명한 사람, 똑똑한 사람, 머리 좋은 사람, 이과적인 사람, 총
명한 사람, 암기에 능한 사람, 수학적인 사람, 기계적인 사람, 문학적인 사
람, 연구하는 사람, 발명하는 사람, 조심성 있는 사람, 생각이 깊은 사람.
부정적일 때 양면적인 사람, 이중적인 사람, 분명하지 않은 사람, 음흉한
사람, 계산적인 사람.

언 제

이른 새벽, 저녁, 눈 오는 겨울, 흐린 날, 비오는 날, 안개 낀 날, 을씨년스
러운 시간, 진눈개비 내리는 겨울, 먹구름이 짙은 날.

어 디 서

연구실, 화장실, 빌딩 숲, 빈 건물, 옥상, 사찰, 화장실, 화장터, 공원묘지,
장례식장.

무엇을

긍정적 키워드 연구, 총명, 문학, 발명, 특허, 기술, 인내, 창의, 신비, 아득함, 조용, 진지함, 수리력, 지능, 섬세, 생각이 깊은, 조심성, 상상력.

부정적 키워드 음흉, 이중적, 계산적, 지옥, 암흑, 죽음, 불안, 우울, 슬픔, 공포, 후회, 억제, 억압, 압박, 집착, 의처증, 의부증, 예민, 절망, 침묵, 눈치.

어떻게

긍정적 마음과 행동 조용하게, 신중하게, 인내력을 가지고, 신비롭게, 진지하게, 겸손하게, 생각이 깊게, 섬세하게, 조심성 있게.

부정적 마음과 행동 이중적으로, 음흉하게, 속을 모르게, 걱정하게, 위축되어, 부정적으로, 예민하게, 침묵으로.

왜

긍정적 이유 조용해서, 신중해서, 신비로워, 진지해서, 겸손해서, 생각이 깊어, 섬세해서.

부정적 이유 음흉해서, 우울해서, 걱정해서, 부정적이어서, 예민해서, 침묵해서.

● 실전 해설

금 전	재물운이 없다, 금전 문제로 머리가 아프다, 재물이 모두 사라진다.
사 업	사업에 어려움이 있다, 벌인 일이 꼬인다, 복잡한 일이 생긴다, 해결해야 할 일이 생긴다.
취 업	은밀하게 접근하라, 사기를 조심하라, 지금 당장은 어렵다.
학 업	암기력이 좋다, 머리가 좋다, 정보 정리를 잘한다, 긴장하고 떤다.
매 매	적극적이지 못하고 망설인다, 너무 신중하게 생각한다, 적극적으로 대처해야 한다.
당 선	주변에 의지한다, 자신감이 부족하다, 뒷거래를 한다, 음모에 휘말릴 수 있다.
연 애	어려운 상황을 만든다, 어두운 상황이다, 상대를 믿지 말아라.

● 예술작품

그 림	베르트 모리조 〈화장하는 여인〉, 마크 로스코 〈지하철 판타지〉, 제임스 애벗 맥닐 휘슬러 〈화가의 초상(자화상)〉, 파블로 피카소 〈게르니카〉, 피에트 몬드리안 〈회색선과 밝은 색 면의 구성〉.
영 화	누널리 존슨 감독 〈회색 양복을 입은 사나이〉.
음 악	빌리 홀리데이 〈바디 앤 소울〉.

검은색

BLACK

水
^수

● 색상의 특성과 성정

검은색은 흰색의 반대색으로 빛이 없는 색이다. 밤처럼 캄캄하고 어둠을 상징해 점잖음과 슬픔, 원대와 암흑, 중후와 사악, 금욕과 걱정, 신비와 추모 등 소통되지 않을 듯한 상징성이 함께 공존하는 색이다. 조용하면서도 쓸쓸하며, 신중하면서도 걱정이 많은 색채이다.

연애와 관련해 검은색은 생각이 많고 순수한 타입이다. 상대에 따라 정보수집이 완벽하게 이루어져야 마음을 연다. 연애 초반에도 상대에게 웃어주고 정을 주는 것 같지만, 집에 와서는 상대의 부정적 행동을 확대해서 걱정하는 등으로 연애를 지속해야 할까 고민한다. 다만, 상대가 적극적으로 이끌어 안정감을 준다면 헌신적이고 희생적인 연애를 하기도 한다.

● 색상의 연상 · 색상의 키워드

장 점	담대함, 엄격함, 위엄 있음, 결단력, 장엄함, 신중함, 원대함, 인내력, 상상력, 창의력, 신비함, 정숙함, 금욕적임, 무의식, 조용함, 진지한, 겸손한, 지능이 높은, 생각이 많은, 수리력이 뛰어난, 생각이 깊은, 섬세한, 조심성.
단 점	불안함, 두려움, 캄캄함, 암흑, 죽음, 상복, 그림자, 지옥, 부정, 악마, 슬픔, 후회, 쓸쓸함, 걱정이 가득함, 금지됨, 무모함, 사후세계, 위축된, 근심이 많은, 공포심, 눈치를 보는, 자신감이 부족한, 예민한, 절망, 침묵하는, 억제하는, 압박하는.
사 물 (음식)	김, 미역, 포도, 산딸기, 버찌, 가지, 블루베리, 검은콩, 건포도, 자주색 고구마, 아로니아, 상복, 지옥.

색채심리 활용

정서적으로 건강할 때와 안정적일 때는 도전적이고 권위적이며 적극적이다. 매사에 자신감이 넘치고, 감각이나 감수성도 뛰어나 새로운 아이디어나 창의력이 발휘되는 상태가 된다.

정서적으로 불안정할 때는 감정이 복잡하고 긴장하고 두려움이 몰려오고 혼란스럽고 불안한 상태가 된다. 죽음과 같은 두려움, 불안이 고조되는 불안한 상태, 우울감과 절망감이 가득한 상태이다.

검은색은 자신의 감정을 드러내지 않고 조용하고 평온한 상태를 유지하고 싶을 때 활용하면 좋은 색상이다. 자신을 강하게 단련시킬 때 활용해도 좋다.

직업 적성

작가, 수학자, 과학자, 교육자, 건축설계, 디자이너, 공무원, 경찰, 군인, 연구, 교육, 회계, 감리, 분석, 정보, 통신, 컴퓨터, 통계, 경제, 금융, 상담심리, 역학자, 타로 상담사, 정치인, 법조, 정치, 감사, 감독, 언론.

무언의 메시지와 커뮤니케이션

검은색이 의미하는 무언의 메시지는 「자신만의 공간에 있고 싶다, 안전한 공간이 좋다, 생각이 많다, 걱정이 많다, 아이디어가 많아진다, 상상력이 풍부해진다, 차분한 감정이 생긴다, 안정적인 편안함이 생긴다, 외부의 스트레스가 줄어든다」 등이다.

색상의 집착

검은색에 집착할 때는 자신의 감정을 누르고 싶을 때, 힘이나 자신감을 드러내고 싶을 때, 타인을 위로하고 싶을 때, 안정되고 안전한 심리상태를 유지하고 싶을 때, 세련되고 깔끔한 이미지를 보여주고 싶을 때, 지적이고 유식함을 과시하고 싶을 때이다.

과다와 거부

과다할 때 극도의 과다일 때 자신감이 없어지고 무기력과 부적응이 강하게 나타난다. 적당히 과다하면 창의성과 상상력, 감수성 등이 뛰어나고 암기력도 향상된다.

거부할 때 자기 억제나 자기통제 능력이 떨어져 사회에서 갈등을 유발할 수 있다.

건강

신장, 방광, 자궁 등의 산부인과, 비뇨기과, 가려움증, 습진, 피부병, 불면증, 두통 등을 관장한다.

누가

긍정적일 때 생각이 많은 사람, 정보력이 많은 사람, 수집하는 사람, 상상력이 뛰어난 사람, 배려하는 사람, 신중한 사람, 진중한 사람, 모험하는 사람, 낙천적 삶을 추구하는 사람, 꿈이 큰 사람, 창의력이 있는 사람, 차분한 사람, 조용한 사람, 진지한 사람, 성숙한 사람, 사색하는 사람.

부정적일 때 걱정이 많은 사람, 소심한 사람, 어두운 사람, 여유롭지 못한 사람, 고독한 사람, 우울한 사람, 폐쇄적인 사람, 어두운 사람, 자신감이 부족한 사람, 수동적인 사람, 타인의 눈치가 심한 사람, 생각을 알 수 없는 사람, 쾌락을 추구하는 사람, 한 방을 노리는 사람, 욕망이 강한 사람, 소극적인 사람, 쉽게 친해지기 어려운 사람, 자기 주장이 없는 사람, 거짓말하는 사람, 혼란스러운 사람, 염세주의자.

언제

겨울, 한밤중, 동지, 폐막, 잠복, 잠적, 은닉, 은둔, 명상, 휴식, 휴면, 침묵, 파업, 생각, 부활, 새로운 시작, 상상력, 창의력, 장례식, 상중, 소멸, 폐업, 멸망, 이별의 시기, 우울의 시기, 슬픔의 시기, 은폐시기, 음모의 시기, 불행의 시기, 절망의 시기, 마지막 시기.

어디서

북쪽, 북극, 컴컴한 곳, 어두운 곳, 미지의 세계, 상상의 세계, 보이지 않는 세계, 깊은 곳, 지하, 바다 깊은 곳, 동굴, 밀림, 밤하늘, 블랙홀, 비밀의 장소, 수도원, 기도원, 명상실, 창작실, 밀폐된 곳, 감옥, 지옥, 피난처, 은신처, 외부와 차단된 곳, 병원, 장례식장, 영안실, 쓰레기 매립장, 도축장, 정보부, 감찰부, 감사원, 암흑가.

무엇을

긍정적 키워드 밤, 어둠, 음, 상상력, 창의력, 정보수집, 생각, 저장, 아이디어, 명상, 첨단기술, 탐구, 발견, 창작, 신앙, 잠재능력, 휴식, 수면, 안정, 회개, 엄중, 장엄, 고상, 침묵, 인내, 엄격, 진지, 신중, 미지의 세계, 내면세계, 잠재의식, 무의식, 신비.

부정적 키워드 불안, 불평, 고민, 절망, 실망, 좌절, 슬픔, 비극, 위험, 위기,

분노, 반항, 배반, 반역, 반란, 불행, 불운, 혼란, 혼돈, 끝, 종말, 부정, 포기, 고독, 고립, 속임, 은닉, 감춤, 거짓, 은폐, 의심, 의혹, 음모, 음해, 흑심, 비관, 비밀, 심령.

어떻게

긍정적 마음과 행동 신중하게, 심오하게, 진지하게, 생각하며, 깊이 있게, 고상하게, 기품 있게, 사고하며, 창작하며, 아이디어를 가지고, 성실하게, 모험하며.

부정적 마음과 행동 은밀하게, 거짓으로, 장막을 치고, 부정적으로, 극비리에, 슬픔으로, 좌절하며, 절망하고, 포기하고, 맹목적으로, 과대망상으로, 수동적으로, 음험하게, 음모적으로, 걱정으로, 혼돈스러운.

왜

긍정적 이유 생각하느라, 생각이 많아, 신중하여, 새로운 아이디어가 떠올라, 창의력이 발동해, 감수성이 뛰어나, 연구하느라, 공부하느라, 정보를 수집하느라, 상상력이 뛰어나, 고상해서, 품격 있어, 배려하여, 따뜻하여, 포근하여, 안전감이 있어.

부정적 이유 걱정하느라, 불안하여, 불만이 많아, 좌절하여, 분노하여, 슬퍼서, 깜깜하여, 고독해서, 이별해서, 허무해서, 부정적이어서, 비밀이 있어서.

BLACK

● 실 전 해 설

금 전	부정적이다, 검은 돈이나 사기에 휘둘릴 수 있다, 거래를 삼가야 한다.
사 업	사업이 매우 어렵다, 휴식기에 가깝다, 사기에 휘말릴 수 있다, 정보나 비밀 분야는 유리하다.
취 업	취직과 승진이 불가하다, 엉뚱한 구설에 휘말린다, 사건 사고가 있다.
학 업	공부를 잘한다, 학습능력이 뛰어나다, 시험에서 자기 기량을 발휘하지 못한다, 긴장한다.
매 매	거래가 어렵겠다, 손해 보며 팔아라. 변화변동이 어렵다.
당 선	구설수가 심하다, 인기가 떨어진다, SNS를 적극적으로 활용하라.
연 애	확대해석해서 걱정한다, 걱정을 줄여라.

● 예 술 작 품

그 림	제임스 애벗 맥닐 휘슬러 〈화가의 어미니(휘슬러의 어머니)〉, 애드 라인하르트 〈블랙 페인팅 시리즈〉, 페테르 파울 루벤스 〈자화상〉, 산치오 라파엘로 〈자화상〉.

은색

SILVER

$$\overset{\text{금}}{金}+(\overset{\text{금}}{金}+\overset{\text{수}}{水})$$

● 색상의 특성과 성정

가족애가 많고 여성적이며 모성애가 강한 매력을 가지고 있다. 자기와 가까운 사람에게는 따뜻하고 자상하며 정직하고 순수한 사람이다. 겉으로는 차가워 보이지만 따뜻한 마음을 가지고 있다. 정도 많고 감수성도 풍부하다. 예민한 감수성으로 작은 것에 상처를 받기도 잘하고 감정기복이 심하다. 자기 가족이나 가까운 사람 외에는 냉철하고 이기적인 부분이 많다. 사람들과 어울리고 관계를 맺기보다는 가족 중심주의, 친구 중심주의에 빠지는 기질이 강하다.

● 색상의 연상·색상의 키워드

장 점	성숙한, 풍부한, 모성애, 여성적인, 수집하는, 저장하는, 정보력이 뛰어난, 쌓아두는, 감수성이 풍부한, 순진한, 매력 있는, 머리가 좋은, 총명한, 충성하는, 순수한, 부드러운, 보호하는, 환상적인, 포괄적인, 진실한, 우아한, 정직한, 깨끗한, 지적인.
단 점	보수적인, 양면적인, 이중적인, 기복이 심한, 고집이 센, 이기적인, 상처를 쉽게 받는, 예민한, 걱정하는, 날카로운, 예리한.
사 물 **(음식)**	갈치, 은어.

색채심리 활용

정서적으로 안정될 때는 원칙적이고 계획적이다, 구조적이고 단계적이다, 끊임없이 연구한다, 은근하고 끈기 있으며 완벽하다, 고상하고 품격 있다, 섬세하고 자상하다.

정서적으로 불안정할 때는 집요하게 집착한다, 끈질기게 보복한다, 흑백논리가 강하다, 좋고 싫음이 명확하다, 자기 주장을 굽히지 않는다, 냉혹하고 냉철하다, 잔소리가 심하고 비판적이다.

직업 적성

노인복지사, 요양원, 사회복지사, 귀금속, 산부인과, 산후조리원, 반도체, IT, 컴퓨터, 최첨단산업, 자동차, 우주개발, 종교인, 연구원, 은행원, 회계사, 세무사, 연금술, 금고, 금융, 광석.

무언의 메시지와 커뮤니케이션

은색이 의미하는 무언의 메시지는 「깔끔하게 마무리하고 싶다, 잘 완성하고 싶다, 일을 끝내고 쉬고 싶다, 각자 맡은 바 일을 잘하면 좋겠다, 신경이 쓰인다, 간섭하고 싶어진다, 비판하고 싶어진다, 복수하고 싶다」 등이다.

색상의 집착

은색에 집착하게 될 때는 계획적으로 어떤 일을 하고 싶을 때, 완벽하고 싶을 때, 자기 주장을 고집할 때, 보복하고 싶을 때, 비판적일 때이다.

과다와 거부

과다할 때 일 중심적이 되어 자신의 생각과 계획에 집착적으로 몰입한다. 비판적이고 잔소리가 많아지면서 자신과 주변 사람들에게 완벽하기를 강요한다.

거부할 때 맡은 일을 처리하지 못하고 뒷마무리가 약하다. 산만하고 자유분방하며, 일을 벌이지만 오래가지 못한다.

건강

노인성 질병, 치매, 산업재해, 산부인과, 부인과 기관을 관장한다.

누가

긍정적일 때 어른스러운 사람, 영감이 발달한 사람, 감수성이 발달한 사람, 임신한 사람, 문학을 좋아하는 사람, 지혜로운 사람, 현명한 사람, 분석하는 사람, 꼼꼼한 사람, 교육하는 사람, 사회를 보는 사람, 진행하는 사람, 역사를 연구하는 사람, 다분히 보수적인 사람.

부정적일 때 차가운 사람, 고리타분한 사람, 깐깐한 사람, 비판하는 사람, 가르치려는 사람, 잔소리하는 사람.

언제

늦저녁, 늦가을, 옛날, 과거, 노년기, 임신 시기.

어디서

민속촌, 박물관, 고찰, 사찰, 옛 정원, 지방, 종묘, 조상의 묘, 왕릉, 양로원,

화장터, 관공서, 묘지, 쓰레기장, 경마장.

무엇을

긍정적 키워드 유물, 유적, 사찰, 묘지, 오래된, 깊은, 숙성된, 노숙한, 영감이 있는, 성찰, 감성, 관조, 직관, 영혼, 사제, 스님, 신부, 수녀, 골동품, 족보, 통찰, 지하, 도시, 안개, 아득함, 어른, 굴뚝, 장독, 바위, 물고기, 버섯, 진주, 노인, 원로, 보수, 실용적, 전통, 추억, 가족, 돈, 은, 과거, 아련함, 그리움, 여성, 어머니, 가정, 로봇, 최첨단, 금속, 반도체, IT.

부정적 키워드 우울, 고지식, 변덕, 미세먼지, 폐렴.

어떻게

긍정적 마음과 행동 어른스럽게, 능숙하게, 방어적으로, 보수적으로, 예스럽게, 추억으로, 현명하게.

부정적 마음과 행동 불확실한, 어둡고 캄캄하게, 변덕스럽게, 우울하여, 고지식하여, 창백하여, 거짓으로, 고집스럽게, 폐쇄적으로, 습관적으로, 과거에 집착하여, 감정을 속이며.

왜

긍정적 이유 어른이어서, 어른스러워서, 능숙해서, 현명해서, 교육해서, 교육을 위해, 성숙해서.

부정적 이유 불확실해서, 우울해서, 고지식해서, 거짓말해서, 고집을 피워서, 집착하여, 감정을 속여서.

● 실 전 해 설

금 전	금전거래가 늦다, 재물운이 없다, 이익은 기대하지 마라.
사 업	사업이 부진하다, 손해 보는 거래가 발생한다.
취 업	신중하게 도전하라, 좋은 결과가 없다.
학 업	공부운은 있다, 꾸준한 발전이 있다, 시험에 긴장하지 마라, 자기 실력을 발휘하면 좋겠다.
매 매	손해 본다는 생각으로 거래하라, 문서를 꼼꼼히 살펴라.
당 선	좋은 결과가 없다, 구설수나 관재수를 조심하라.
연 애	다툴 가능성이 있다, 갈등이 생기기 쉬우니 먼저 양보하라.

● 예 술 작 품

그 림	추사 김정희 〈세한도〉, 에드가 드가 〈파리 오페라 극장의 발레〉, 무위당 장일순 서예 작품, 동양의 서예와 수묵화.

색채타로 종합분석_ 은색

황금색

GOLD

土^토

● 색 상 의 특 성 과 성 정

여유 있고 긍정적이며 관대하다. 매사에 자신감이 있고 적극적이다. 성격이 좋아 누
구와도 잘 어울려 지내고자 한다. 은근한 끈기와 고집, 그리고 결단력도 갖추고 있다.
대인관계가 원만하면서도 자신의 속마음을 감추고 늘 미소 짓는 얼굴로 사람들을 대
한다. 장소와 사람을 가리지 않고 적극적으로 관계를 맺는다.

● 색상의 연상 · 색상의 키워드

장 점	관대한, 여유 있는, 끈기 있는, 결단력이 좋은, 긍정적인, 적극적인, 자신감, 에너지가 있는, 솔직한, 타인을 돕는, 이타심이 있는, 풍성한, 풍요로움, 원만한 관계, 자수성가하는, 화려한, 고급스러운, 귀중한, 소중한, 번영한, 부유한, 좋은, 상황이 좋음, 현실적인, 튼튼한, 단단한, 부, 풍요, 중앙, 최고, 스타, 엘리트.
단 점	자만하는, 생색내는, 복잡한, 혼란한, 방만한, 이기적인, 욕망이 큰, 재물을 탐하는, 물질적인.
사 물 (음식)	태양, 황금, 귀금속, 돈.

색채심리 활용

정서적으로 안정될 때는 고급스럽다, 선비풍의 인품이 있다, 중후하고 사람들을 이끈다, 중심이 있어 일처리가 확실하다.

정서적으로 불안정할 때는 강압한다, 자기중심적이고 타인을 무시한다, 거들먹거리고 비판적이다, 아무것도 안 하고 성공을 바란다, 게으르고 폭식한다, 무위도식하며 살고 싶어한다.

직업 적성

금융업, 귀금속, 부동산, 운동선수, 단체의 리더, 연예인, 방송인, 예술인, 정치인, CEO, 전문직, 인사컨설턴트, 재무컨설턴트, 경영컨설턴트, 변호사, 국제회계사, 국제변호사, 통역사, 외교관, 비행사, 금은세공, 광석, 반도체, 연금술.

무언의 메시지와 커뮤니케이션

황금색이 의미하는 무언의 메시지는 「앞장서고 싶다, 이끌고 싶다, 어울리고 싶다, 통솔하고 싶다, 드러내고 싶다, 많은 사람이 따르면 좋겠다, 적극적으로 나서고 싶다, 품격 있는 모습을 지니고 싶다」 등이다.

색상의 집착

황금색에 집착할 때는 고급스럽고 싶을 때, 자기중심적일 때, 거들먹거릴 때, 성공하고 싶을 때, 강압할 때이다.

과 다 와 거 부

과다할 때　자기가 최고라는 자부심이 너무 강하다. 사람들 사이에서 자기를 드러내려 하고 고집스럽게 주도적인 리더십을 보인다.

거부할 때　자신감도 부족하고 소심하다. 대인기피증이 강해져서 우울증 증세가 나타난다. 정서적 불안감이 함께한다.

건 강

대장, 항문, 위장, 피부 질환을 조심해야 한다.

누 가

긍정적일 때　왕, 황제, 리더, 지도자, 대통령, 신, 하느님, 부처님, 성인, 앞서가는 사람, 활동적인 사람, 대인관계가 뛰어난 사람, 감정을 조절하는 사람, 평화로운 사람, 긍정적인 사람, 최고인 사람, 적극적인 사람, 우뚝 선 사람, 가운데에 있는 사람, 배짱 있는 사람, 균형 잡힌 사람, 우월한 사람, 재산이 많은 사람, 부자.

부정적일 때　방만한, 잘난 척하는 사람, 독재적인 사람, 욕심이 많은 사람, 고집 센 사람, 집중하지 못하는 사람, 바람둥이.

언 제

환절기, 새참, 정각, 인정받을 때, 행복할 때, 독선적인 시간, 무대뽀의 시간.

어디서

중앙, 가운데 중심, 왕궁, 수도, 극락, 천국, 은행, 금은방, 금광, 금고, 들판, 도박장.

무엇을

긍정적 키워드 중앙, 가운데, 환절기, 새참, 태양, 궁궐, 왕궁, 안방, 시청, 중심, 재물, 황금, 명예, 우월, 행복, 리더십, 지도자, 대장, 왕, 황제, 성공, 완성, 풍요, 대통령, 대권, 평화, 심장, 집중, 부귀영화, 권위, 권력, 엘리트, 유명한, 성공한, 관계, 어울림.

부정적 키워드 지옥, 무시, 억압, 강압, 방만, 산만, 복잡.

어떻게

긍정적 마음과 행동 힘있게, 주도적으로, 행동하며, 행복하게, 중심을 잡고, 뛰어나게, 적극적으로, 중앙에서, 리더십을 가지고, 지도력 있게, 모험하며, 풍요롭게, 성공적으로.

부정적 마음과 행동 잘난 척하며, 고집스럽게, 독선적으로, 무시하며.

왜

긍정적 이유 능력이 뛰어나서, 우두머리여서, 리더여서, 행동해서, 적극적이어서, 사랑을 받아서, 중심이어서, 앞장서서, 부자여서.

부정적 이유 독불장군이라, 독선적이어서, 잘난 척해서.

색채타로 종합분석_ 황금색

● 실 전 해 설

금 전 금전운이 매우 좋다, 재물이 넘친다, 뜻하지 않는 이익이 크다.

사 업 사업이 번창한다, 주변의 도움이 매우 크다, 뜻한 바가 이루어진다.

취 업 자신감 있는 일 처리로 인정받는다, 면접에 좋은 평가를 받는다.

학 업 끈기 있게 공부한다, 고집만 줄이면 큰 성과가 있다, 자신감이 넘친다.

매 매 매매가 활기차다, 큰 이익이 있다, 부동산이 확장된다.

당 선 사람들과의 관계가 원만하다.

연 애 따뜻한 사랑을 나눈다, 사랑이 싹튼다, 적극성이 필요하다, 원기왕성하다.

● 예 술 작 품

그 림 구스타프 클림트 〈기다림〉, 〈아델레 블로흐 바우어의 초상Ⅰ〉, 〈유디트〉, 〈생명의 나무〉, 프리덴슈라이히 훈데르트바서 〈나의 자아는 아직 그것을 모른다〉, 〈노란 집들–질투〉.

황토색

OCHER

_토 _수
土 + 水

● 색상의 특성과 성정

매우 편안하고 안정감을 준다. 순수하고 부드럽고 정직한 색이다. 풍요롭고 비옥함을 상징하며 순응적이다. 환경에 따라 대처하는 적응력이 뛰어나다. 믿음직스럽고 끈기가 있으며 겸손하고 중후한 타입이다. 은근하며 고집이 세지만, 말과 행동에 신중함이 있다. 넓은 마음과 포용력으로 자신을 드러내지 않으며, 일을 꾸준하게 밀고 나가는 능력이 있다. 하지만 자칫 주변 상황에 쉽게 좌지우지되는 변화가 있기도 하다.

● 색상의 연상 · 색상의 키워드

장 점	자연스러운, 편안한, 고집 있는, 끈기 있는, 안정감 있는, 순응적인, 평화로운, 여유 있는, 신중한, 판단력 있는, 적응력, 이해심, 풍요로운, 부드러운, 보수적, 은근한, 믿음직스러운, 포용력, 겸손함, 중용적인.
단 점	마음을 알 수 없는, 감추는, 포장하는, 집착, 거짓이 있는, 고집이 센, 회피하는, 과식하는, 무관심, 방만한, 책임감 없는, 소유욕.

색채심리 활용

정서적으로 안정될 때는 대인관계가 원만하고 소통이 원활하다. 늘 밝고 명랑하며 여유롭고 풍요롭다. 끈기가 있고 부지런하다. 자신을 잘 포장하고 활용하며 긍정적이다.

정서적으로 불안정할 때는 느긋하고 게으르며, 무슨 생각을 하는지 모른다. 거짓말을 하고 포장한다. 과대포장하고 잘난척한다. 노력하지 않고 성공을 꿈꾼다. 아무것도 하기 싫어한다.

직업 적성

금융업, 건설, 토목, 건축, 목축, 농업, 유통, 무역, 정치, 종교인, 운동선수, 외교관, 세일즈맨, 부동산 중개인, 커플매니저.

무언의 메시지와 커뮤니케이션

황토색이 의미하는 무언의 메시지는 「어울리고 싶다, 관계를 맺고 싶다, 평화를 유지하고 싶다, 자신을 드러내고 싶다, 성공하고 싶다, 이대로 그냥 무위도식하고 살고 싶다」 등이다.

색상의 집착

황토색에 집착할 때는 대인관계를 넓히고 싶을 때, 울고 싶을 때, 거짓말을 할 때, 여유를 가지고 싶을 때이다.

과 다 와 거 부

과다할 때 안정감이 없이 늘 바쁘게 활동하고 사람들과 만남을 끊임없이 이어간다.

거부할 때 자신감이 부족하고 대인기피증이 강하여 혼자서 외톨이 같은 삶을 살아간다.

건 강

조울증, 위장, 비뇨기 계통의 질환을 조심해야 한다.

누 가

긍정적일 때 생산하는 사람, 농사짓는 사람, 열심히 하는 사람, 열정적인 사람, 활동적인 사람, 경영하는 사람, 행복한 사람, 관계가 좋은 사람, 평화로운 사람, 활기찬 사람, 투자하는 사람, 부동산이 많은 사람, 느긋한 사람, 중개하는 사람, 연결하는 사람, 무난한 사람.

부정적일 때 방만한 사람, 산만한 사람, 바람둥이.

언 제

환절기, 농번기, 수확기, 노동 시기, 혼란한 시기, 무모한 시기, 쾌락적 시간.

어 디 서

들판, 밭, 논, 찜질방, 황토방, 고향집, 은행, 궁궐, 운동장.

무 엇 을

긍정적 키워드 황토방, 농토, 논, 밭, 대지, 고향, 황소, 부동산, 은행, 사막, 풍요, 풍속, 명랑, 낙천적, 관계, 평화, 어울림.

부정적 키워드 방만, 산만, 음흉, 고집.

어떻게

긍정적 마음과 행동 평화롭게, 좋은 관계로, 활기차게, 여유롭게, 느긋하게, 중개하여, 연결하여, 통역하여, 원만하게.

부정적 마음과 행동 바쁘게, 방만하게, 분산하여, 산만하게, 바람둥이처럼, 집중하지 못하고.

왜

긍정적 이유 평화로워서, 관계가 원만해서, 여유로워, 느긋해서, 중재하여, 활기차서.

부정적 이유 산만하여, 방만하여, 정신없어서, 바빠서, 집중하지 못해서.

● 실전 해설

금 전	풍족한 재물이 있겠다, 수확이 크다.
사 업	사업이 활발하다, 새로운 도전이 이루어진다.
취 업	주변에서 인정을 받는다, 자기 능력을 발휘한다, 적극적으로 도전하면 인정받는다.
학 업	끈기 있게 매진하게 된다, 맡은 일에 충실하다, 융통성을 발휘하라.
매 매	부동산이 확장된다, 이사를 할 기회이다, 새로운 변화를 꿈꾸어라.
당 선	대인관계가 넓어진다, 끈기와 고집으로 밀고 나가겠다.
연 애	변함없는 사랑을 한다, 자기 고집이 세다, 부드러운 사랑이 필요하다.

● 예술작품

그 림	렘브란트 〈야경〉, 〈목욕하는 여인〉, 장 프랑수아 밀레 〈만종〉, 폴 고갱 〈브르타뉴의 여인들〉, 폴 세잔 〈수프 단지가 있는 정물〉.

황갈색

YELLOWISH BROWN

$$\underset{\text{토}}{土}+(\underset{\text{토}}{土}+\underset{\text{토}}{土}+\underset{\text{수}}{水})$$

● 색 상 의 특 성 과 성 정

가까운 사람과 잘 지낸다. 자기 공간에서 안정감이 있다. 은근한 끈기와 고집이 있다.
머리도 좋고 여유도 있다. 지적능력도 있고 대인관계도 원만하다. 새로운 공간에서
곧바로 적응은 어렵지만 시간이 지나면서 곧 적응한다.

● 색상의 연상 · 색상의 키워드

장 점	총명한, 여유 있는, 고집 있는, 끈기 있는, 풍성한, 풍요로운, 지적인, 무난한, 번영하는, 부유한, 단단한, 튼튼한, 현실적인.
단 점	인색한, 속을 모르는, 고집이 센.

색채심리 활용

정서적으로 안정될 때는 대인관계가 원만하고 아이디어가 뛰어나며 창의력이 있다. 연구심이 있고 학자적이고 선비적인 성품이다.

정서적으로 불안정할 때는 의심한다. 교묘하다. 거짓말을 한다. 속을 모른다. 이중적이다.

직업 적성

회계, 금융, 재무, 경제, 경영, 정치, 공무원, 건설, 부동산, 건축, 농업, 연구원.

무언의 메시지와 커뮤니케이션

황갈색이 의미하는 무언의 메시지는 「안정된 대인관계를 유지하고 싶다, 행복하게 살고 싶다, 편안한 삶을 꿈꾼다, 나만의 시간을 가지고 싶다, 평화로운 시간을 갖고 싶다, 적당히 사람들과 어울리고 싶다」 등이다.

색상의 집착

황갈색에 집착할 때는 현실에서 도피하고 싶을 때, 긴장감이 넘칠 때, 연구하고 싶을 때, 책을 읽고 싶을 때, 평화롭고 싶을 때, 휴식을 취하고 싶을 때이다.

과다와 거부

과다할 때 자기만의 공간을 고집한다. 자신이 원할 때 주변 사람들이나 상대방이 자신의 공간을 침범하지 않으면서 함께 어울리고 관계를 맺어주길 바란다. 자기 고집이 세지고 집착하게 된다.

거부할 때 회피하고 거부하며 자신만의 공간에서 외톨이처럼 있으려 한다.

건강

신장, 방광, 자궁, 전립선, 항문 계통을 주의해야 한다.

누가

긍정적일 때 생산하는 사람, 농사짓는 사람, 열심인 사람, 열정적인 사람, 활동적인 사람, 경영하는 사람, 행복한 사람, 관계가 좋은 사람, 평화로운 사람, 활기찬 사람, 투자하는 사람, 부동산이 많은 사람, 느긋한 사람, 중개하는 사람, 연결하는 사람, 무난한 사람.

부정적일 때 방만한 사람, 산만한 사람, 이중적인 사람, 바람둥이.

언제

환절기, 농번기, 수확기, 노동 시기, 복잡한 시간, 혼란한 시간, 노는 시간.

어디서

들판, 밭, 논, 찜질방, 황토방, 황토밭, 고향집, 은행, 궁궐, 운동장, 유흥주점, 경마장.

무엇을

긍정적 키워드 황토방, 황소, 고향, 농토, 부동산, 대지, 밭, 논, 은행, 사막, 풍요, 풍속, 명랑, 낙천적, 관계, 평화, 어울림.

부정적 키워드 방만, 산만, 음흉, 고집.

어떻게

긍정적 마음과 행동 평화롭게, 관계 좋게, 활기차게, 여유롭게, 느긋하게, 중개하여, 연결하여, 통역하여, 원만하게.

부정적 마음과 행동 바쁘게, 방만하게, 분산하여, 산만하게, 바람둥이, 집중하지 못하고.

왜

긍정적 이유 평화로워서, 관계가 원만해서, 여유로워, 느긋해서, 중재하여, 활기차서.

부정적 이유 산만하여, 방만하여, 정신없어, 바빠서, 집중하지 못해서.

● 실 전 해 설

금 전	풍요롭다, 재물복이 있다.
사 업	사업은 원활하다, 열심히 하지 않고 요행을 바란다, 고집을 세우다 부딪힌다.
취 업	지금은 기회가 아니다, 회사 내에서 갈등이 있겠다, 자신을 낮추어라.
학 업	끈기 있게 밀고 나간다, 융통성이 부족하다, 응용력이 떨어진다, 열심히 한다.
매 매	부동산에 행운이 있다.
당 선	포용력이 부족하다, 인색하다, 자신을 꾸미지 않고 고집을 피운다.
연 애	애정이 부족하다, 게으르다, 어리석다, 속물근성으로 구설수가 있다.

● 예 술 작 품

그 림	빈센트 반 고흐 〈몽마르트르 거리 풍경〉, 앤드류 와이어스 〈크리스티나의 세계〉.

구리색

COPPER

$$\overset{\text{화}}{火}+(\overset{\text{화}}{火}+\overset{\text{수}}{水})$$

● 색상의 특성과 성정

개방적인 성격으로 쾌활하고 적극적이며 열정이 넘친다. 인정이 많고 사교적이며 유쾌한 성격이다. 반복적이거나 단조로운 일에는 금방 싫증을 낸다. 새로운 것에 호기심이 강하다. 융통성이 있어 자신의 감정을 쉽게 드러내고 타인과 소통도 쉽게 하는 관계성이 있다.

● 색상의 연상·색상의 키워드

장 점	융통성이 있는, 소통되는, 전달하는, 역마가 있는, 교류하는, 교감하는, 편안한, 안전한, 활발한, 고집스러운, 행동하는, 열정이 있는, 뜨거운, 개방적인, 사교적인, 유쾌한, 움직이는, 인정이 많은, 대화하는, 주도적인, 적극적인, 상냥한.
단 점	감정기복이 있는, 단조로운, 단순한, 싫증을 느끼는, 즉흥적인, 자기 주장이 강한, 욱하는.

색채심리 활용

정서적으로 안정될 때는 유머감각이 뛰어나고 아이디어가 반짝인다, 새로운 것에 호기심이 많고 정보수집능력이 뛰어나며, 감수성이 뛰어나다, 감정의 폭이 넓다.

정서적으로 불안정할 때는 감정 변화가 심하고 조울증이 있다, 히스테리 기질이 강하고 사람들과 다툼이 심하다, 과도하게 일을 만든다, 욕심이 과도하다.

직업 적성

전기, 전자, 반도체, 금융, 무역, 회계, 연구원, 발명가, 시나리오 작가, 건설, 건축, 부동산, 공무원, 자영업, 영화, 광고, 홍보, 패션, 의상, 유행, 무용, 배우, 연출, 마술, 기획, 개그맨, 코미디언, 컬러전문가, 조명전문가, 디자이너, 사진사, 만화가, 화가, 정치인.

무언의 메시지와 커뮤니케이션

구리색이 의미하는 무언의 메시지는 「새로운 아이디어를 만들고 싶다, 좋은 작품을 쓰고 싶다, 인정받고 싶다, 새로운 작품을 쓰고 싶다, 행복해지고 싶다」 등이다. 조울증 증세가 나타나거나 갑자기 화가 날 때, 우울해질 때, 연락을 끊고 여행을 떠나고 싶을 때, 말에 두서가 없을 때, 감정을 조절하지 못할 때에도 구리색이 내면을 나타내준다.

색상의 집착
구리색에 집착할 때는 인정받고 싶을 때, 창조하고 싶을 때, 새로운 시도를 하고 싶을 때, 차분해지고 싶을 때이다.

과다와 거부
과다할 때 열정이 넘친다, 활기차다, 창의력이 뛰어나다, 창조력이 있다.
거부할 때 자유롭고 싶다, 아무것도 하기 싫다, 쉬고 싶다, 편안해지고 싶다.

건강
감전, 화상, 기력부진, 자폐증을 조심해야 한다.

누가
긍정적일 때 신사 같은 사람, 학자 같은 사람, 선비 같은 사람, 진중한 사람, 무게 있는 사람, 고급스런 사람, 품격 있는 사람, 생각하는 사람, 자상한 사람, 속 깊은 사람.
부정적일 때 근심 있는 사람, 속을 알 수 없는 사람, 어두운 사람, 술에 취한 사람, 자기 주장이 강한 사람, 고집이 센 사람.

언제
늦가을, 늦은 저녁, 어둠이 짙은 시간.

어디서
연구실, 침실, 모텔, 숲속, 숲길, 산속, 산사, 사찰, 산소, 바닷속, 영화관, 지하 술집, 창고, 와인바, 룸살롱, 수제맥주 하우스.

색채타로 종합분석_ 구리색

무엇을

긍정적 키워드 신사, 학사, 연구, 신중, 품위, 품격, 고집, 생각, 연구원, 교수, 교사, 전문가, 권위, 무게, 저녁, 어둠, 권력, 동전, 화폐, 전기, 전기선, 연결, 에너지, 교류, 발전, 역동성, 동력, 교감, 통하는, 구리, 전도체.

부정적 키워드 독선, 고집, 꼴통, 불통, 암흑, 불안, 부정, 고민, 비밀, 의심, 자만심, 현혹.

어떻게

긍정적 마음과 행동 중후하게, 품격 있게, 무겁게, 묵묵하게, 끈기 있게, 은근하게, 신중하게, 진지하게, 신사답게, 명예롭게, 자존감을 가지고, 정성스런, 꾸준하게, 완벽하게.

부정적 마음과 행동 고집이 센, 집착하는, 자기 주장만 하는, 무슨 생각을 하는지 모르는, 음흉한, 강압적인.

왜

긍정적 이유 품격 있어서, 끈기 있어서, 고급스러워서, 중후해서, 신중해서.

부정적 이유 집착해서, 고집이 세서, 자기 주장이 강해서, 음흉해서.

● 실 전 해 설

금 전	금전운이 활발하다, 돈의 흐름이 원활하다, 저축에 힘써야 한다, 지출도 크다.
사 업	사업이 활발하다, 장사가 잘된다, 지출을 방지해야 한다.
취 업	승진이 된다, 취업이 된다, 구설수가 따른다, 시끌벅적하다.
학 업	머리가 명석하다, 암기력과 정보수집력이 뛰어나다, 생각이 많다.
매 매	매매가 성사된다, 수익이 있다.
당 선	치밀하다, 계획적으로 준비한다, 적극성이 부족하다.
연 애	서로 커뮤니케이션이 잘된다, 대화가 활발하다, 자신이 원하는 사람과 만난다.

● 예 술 작 품

그 림	한스 멤링 〈남자의 초상화 시리즈〉, 파블로 피카소 〈기타 치는 노인〉, 페테르 파울 루벤스 〈비너스와 큐피드〉, 〈솔로몬의 재판〉.

COPPER

갈색

BROWN

$$土 + 水$$
_토 _수

● 색상의 특성과 성정

갈색은 비옥한 땅, 나무기둥, 커피와 같은 색으로 평범하고 보편적이며 안정적이고 순수한 색이다. 머리도 총명하고 창의성 있는 색이다. 고향의 색, 대지의 색, 흙냄새가 나는 색이어서 순수함과 포용력이 함께하고, 한편으로는 시골 풍경의 스산한 느낌도 있다.

연애와 관련해 갈색은 배려하고 따뜻한 마음으로 사랑을 나누며, 헌신적으로 희생하며 베풀기를 잘한다. 하지만 사이가 안 좋을 때는 의심하고 불신하며 집착한다. 사사건건 간섭하고 실시간으로 상대방의 일거수일투족을 관리하려 한다.

● 색상의 연상·색상의 키워드

장 점	성실한, 안정감 있는, 부드러운, 소박한, 고상한, 생각이 깊은, 정보가 많은, 총명한, 저장하는, 배려가 많은.
단 점	완고한, 은밀한, 민감한, 절망적인, 고독한, 칙칙한, 쉽게 살리는, 외로운, 쓸쓸한, 애정결핍, 어리석은.
사 물 (음식)	표고버섯, 호두, 도토리, 밤, 키위, 아보카도, 조개, 커피, 숭늉, 나무껍질, 구운 고기, 초콜릿, 대지, 땅.

색채심리 활용

정서적으로 안정적일 때는 심지가 깊고 넓으며 안정적이고 착실하다. 아이디어가 반짝이며 창의성과 창조력이 다양하고 연구심과 정보 수집력이 뛰어나다.

정서적으로 불안정할 때는 걱정이 많고 의심이 많아져서 심정적으로 안정되어 있지 못하다. 의처증이나 의부증이 생기고 주변 사람들에게 상처를 준다. 생각이 너무 많다 보니 매사 결정하지 못하는 결정장애가 있어 일의 진척이 더디다.

안정적으로 연구하거나 공부해야 할 때는 갈색 의상이나 액세서리를 활용하면 좋다. 심리적으로도 서두르지 않고 진중하게 행동하고 싶을 때 좋은 색상이다. 새로운 아이디어가 필요할 때는 갈색 실내에서 머무르면 도움이 된다. 다만 소심해지고 마음이 초조하여 쉽게 결정하지 못하고 망설일 때는 갈색을 피해야 한다.

직업 적성

연구원, 수학자, 화학자, 약학, 의학, 회계사, 금융인, 세무사, 통계학자,

무언의 메시지와 커뮤니케이션

갈색이 의미하는 무언의 메시지는「나는 신중하다, 나는 걱정이 많다, 나는

생각이 많다, 나는 아는 것이 많다, 나는 똑똑하다, 나는 아이디어가 많다」
등이다.

색상의 집착
갈색 옷을 입고 갈색 액세서리를 하고 싶을 때는 생각이 많을 때, 안정을
찾고 싶을 때, 신중할 때, 걱정이 많을 때, 창의성이 발휘될 때, 새로운 아
이디어가 떠오를 때이다.

과다와 거부
과다할 때 과다하면 기분이 가라앉고 우울해지며 쓸데없는 걱정을 많이
한다. 주변을 향한 의심이 많아진다.
거부할 때 생각 없이 행동하고 다혈질적인 행동을 한다.

건강
갈색은 심신을 안정시키고 화를 가라앉힌다. 감정을 조절하고 비뇨기 계통
의 건강이 좋아진다.

누가
긍정적일 때 신중한 사람, 생각이 깊은 사람, 안정적인 사람, 정보가 많은
사람, 수리력이 뛰어난 사람, 창의력이 있는 사람, 감수성이 발달한 사람.
부정적일 때 걱정이 많은 사람, 의심이 많은 사람, 우울한 사람, 마음이 아
픈 사람.

언제
늦가을, 늦은 저녁, 연구할 때, 구름이 낀 날, 새로운 아이디어가 떠오를
때, 신중할 때, 을씨년스러울 때, 우울할 때, 고민이 있을 때, 폭풍우가 몰
아칠 때, 먹구름이 몰려올 때, 심각할 때.

어디서

연구실, 대학교, 교실, ICT 기업, 벤처기업, 강연장, 강가, 수영장, 바닷가, 커피숍, 영화관, 흡연실, 지하실, 지하 술집, 창고, 골방 구석, 암실, 대피소, 지하주차장.

무엇을

긍정적 키워드 신중, 생각, 정보, 총명, 수학, 수리, 회계, 경제, 금융, 창조, 창의, 문학, 상상.

부정적 키워드 걱정, 고민, 슬픔, 불안, 부정, 불쾌, 의심, 중독, 고독.

어떻게

긍정적 마음과 행동 신중하게, 충성적으로, 안정적으로, 안전하게, 상상력이 뛰어나게, 창의성 있는, 감수성 있는, 암기하는, 저장하는, 총명한, 기억력이 뛰어난.

부정적 마음과 행동 우유부단하게, 결단을 내리지 못하고, 의심하는, 걱정하는, 과거에 연연하는, 버리지 못하는, 불안한.

왜

긍정적 이유 조용히 있고 싶어서, 신중하게 선택하고 싶어서, 안전한 것이 좋아서, 안정적 상태를 유지하고 싶어서, 새로운 상상력을 발휘하고 싶어서, 계산하고 싶어서.

부정적 이유 걱정이 많아서, 의심이 생겨서, 결정하지 못해서, 과거에 집착해서, 불안해서.

● 실전 해설

금 전	금전운이 활발하다, 돈의 흐름이 원활하다, 저축에 힘써야 한다, 씀씀이가 크다.
사 업	사업이 활발하다, 장사가 잘된다, 지출을 방지해야 한다.
취 업	취업에 성공한다, 구설수가 따른다, 시끌벅적하다.
학 업	머리가 명석하다, 암기력과 정보수집력이 뛰어나다, 생각이 많다.
매 매	매매가 성사된다, 수익이 발생한다.
당 선	치밀하다, 계획적으로 준비한다, 적극성이 부족하다.
연 애	긍정적일 때는 배려한다, 헌신적이다, 희생한다. 부정적일 때는 의심한다, 불신한다, 간섭한다.

● 예술 작품

그 림	루카스 반 하셀 〈화가의 초상〉, 귀도 레니 〈앉아 있는 화가〉, 조슈아 레이놀즈 〈갈색 옷을 입은 소년〉, 장 프랑수아 사블레 〈젊은 풍경화가들〉, 조지 롬니 〈갈색 로브를 입은 부인〉, 빈센트 반 고흐 〈감자 먹는 사람들〉, 후안 그리스 〈갈색 풍경〉.

녹갈색

UMBER

목 화 토 수
木 + 火 + 土 + 水

● 색상의 특성과 성정

사물이나 상황을 신중하게 받아들이고 침착하게 대처하는 타입이다. 복잡한 일도 충동적으로 대처하지 않고 질서정연하게 정리한다. 겉으로는 신중하고 의젓해도 속으로는 생각이 많다. 감정기복이 커서 자칫 심신미약 상태가 나타나기도 한다. 책임감이 강하여 맡은 일을 잘 처리하는 편이다. 한편으로는 욕망이 크다 보니 엉뚱한 곳에 투자하거나 일을 벌여서 극단적 상황에 빠지기도 한다.

● 색상의 연상·색상의 키워드

장 점	정신력, 안정적, 안전한, 생각이 많은, 생활력이 강한, 헌신적인, 건실한, 신중한, 현실적인, 착실한, 성숙한, 특별함, 고급스러운, 재회하는, 재발견, 희소성, 편안함.
단 점	긴장하는, 소심한, 생각이 많은, 허황된, 일확천금을 꿈꾸는, 올드한, 빛이 바랜, 촌스러움, 낡은.
사 물 (음식)	키위, 나무, 가을, 팝, 중년.

색채심리 활용

정서적으로 안정될 때는 신중하고 침착하다, 책임감이 강하다, 일처리를 잘한다, 프로젝트 완성도가 높다, 머리가 총명하고 아이디어가 뛰어나다, 현실적이고 성실하다.

정서적으로 불안정할 때는 의심하고 걱정한다, 생각에 집착하고 고집한다, 감정기복이 심하다, 고지식하다, 헛된 일확천금을 꿈꾼다.

직업 적성

연구원, 교육자, 발명가, 작가, 의사, 법조인, 기술자, 연기자, 기계공학자.

무언의 메시지와 커뮤니케이션

녹갈색이 의미하는 무언의 메시지는 「공부하고 싶다, 성공하고 싶다, 창의력을 발휘하고 싶다, 상상력을 현실에서 이루고 싶다, 새로운 작품을 만들고 싶다, 일을 완성하고 싶다, 완벽하게 하고 싶다」 등이다.

색상의 집착

녹갈색에 집착할 때는 신중하고 싶을 때, 침착하고 싶을 때, 현실적이고 싶을 때, 성실하고자 할 때, 일을 끝내고 싶을 때, 일확천금을 꿈꿀 때, 의심할 때, 걱정할 때이다.

과다와 거부

과다할 때 과도한 집착과 쓸데없는 걱정으로 자신과 주변 사람들을 힘들게 한다.

거부할 때 과도한 자신감이 넘치고 주변 사람들을 무시하고 저돌적으로 밀고 나간다.

건강

알코올중독, 오랜 지병을 조심해야 한다.

누가

긍정적일 때 자연인, 능숙한 사람, 시골에 사는 사람, 고향을 지키는 사람, 보수적인 사람, 요리하는 사람, 예술적인 사람, 채식주의자, 수도자, 수양하는 사람, 기도하는 사람.

부정적일 때 폐쇄적인 사람, 회피적인 사람, 노숙하는 사람, 은둔하는 사람, 고립된 사람.

언제

가을, 환절기, 수확할 때, 중년기, 갱년기, 사춘기, 휴식기.

어디서

창고, 자연, 산야, 들판, 삼림, 숲, 밭, 농원, 화원, 시골, 고향, 잔디밭.

무엇을

긍정적 키워드 탄생, 대자연, 대지, 땅, 뿌리, 근본, 기본, 현실, 실용, 안전, 노동, 농경, 산야, 삼림, 평야, 들판, 초원, 시골, 전원, 향토, 고향, 농장, 농촌, 보수, 민속, 친화, 관대, 관용, 수용, 포용, 보호, 순종, 순응, 적응, 내실, 견고, 끈기, 근면.

부정적 키워드 집착, 구두쇠, 복종, 고리타분한 사람.

어 떻 게

긍정적 마음과 행동 꾸준하게, 오래도록, 변치 않게, 자연스럽게, 변함없이, 보수적으로, 안정적으로.

부정적 마음과 행동 구태의연하게, 고집스럽게, 유예적인, 과거 집착으로, 고립되게, 폐쇄하는.

왜

긍정적 이유 보수적이어서, 자연스러워서, 현실적이어서, 습관적이어서, 변함없어서, 꾸준해서, 오래되어서.

부정적 이유 폐쇄적이어서, 고집스러워서, 옛날에 사로잡혀서, 추억에 집착해서.

● 실 전 해 설

금 전	금전거래가 다양하다.
사 업	사업이 복잡하다, 연구관련 사업은 유리하다.
취 업	취업 가능성이 있다, 면접에서 긴장하지 말아야 한다.
학 업	머리가 좋아서 성적이 우수하다, 긴장하지 말아야 한다.
매 매	매매가 어렵다, 거래가 없다.
당 선	당선이 어렵다.
연 애	제대로 된 연애는 힘들다, 부정·불륜 가능성이 있다.

● 예 술 작 품

영 화	봉준호 감독 〈기생충〉, 존 크래신스키 감독 〈콰이어트 플레이스 2〉.

다양한 색

VARIOUS

목 화 토 금 수
木+火+土+金+水

● 색상의 특성과 성정

재주가 다양하고 아이디어가 뛰어나며 총명한 머리의 소유자이다. 다재다능하며 예술, 체육, 연예 등에 재능이 있다. 대인관계도 광범위하여 폭넓게 사람들을 만난다. 다만 즉흥적이고 복잡하며 산만한 면이 있다.

● 색상의 연상·색상의 키워드

장 점 　다양한, 재능이 뛰어난, 대인관계가 넓은.
단 점 　산만한, 어지러운, 혼잡한, 바람둥이인, 혼란스러운, 정신없는, 서두르는,
　　　　복잡한.

색채심리 활용

정서적으로 안정될 때는 아이디어가 반짝인다, 자격증이 많다, 창의력이
뛰어나다, 다재다능하다.
정서적으로 불안정할 때는 산만하고 복잡하다, 바람둥이 기질이 있다, 꿈을
자주 꾸고 쉽게 잠들지 못한다, 시작은 많으나 마무리가 약하다, 다중인격.

직업 적성

시나리오 작가, 소설가, 연극배우, 영화배우, 개그맨, 발명가, 커플매니저,
영화, 광고, 홍보, 패션, 의상, 헤어디자이너, 유행, 무용, 배우, 연출, 마술,
기획, 컬러전문가, 조명전문가, 디자이너, 사진사, 교사, 만화가, 정치인.

무언의 메시지와 커뮤니케이션

다양한 색이 의미하는 무언의 메시지는「새로운 것을 하고 싶다, 다양한 것
을 하고 싶다, 마음대로 하고 싶다, 변화를 주고 싶다」등이다.

색상의 집착

다양한 색에 집착할 때는 아이디어가 반짝일 때, 창의력이 나올 때, 번잡할
때, 혼란스러울 때, 바람둥이 기질이 생길 때, 산만할 때, 복잡할 때이다.

과다와 거부

과다할 때 　다양한 재주와 재능으로 변화무쌍한 능력을 발휘한다. 창조적

194

이고 창의적인 아이디어로 새로운 일에 적응력이 뛰어나다.

거부할 때 산만하고 정서가 불안정하다. 일을 제대로 진행시키지 못하고 자꾸만 새로운 것을 추구한다. 한 사람에 만족 못하고 여러 사람을 만난다.

건 강

합병증, 정신분열증, 고혈압을 조심해야 한다.

누 가

긍정적일 때 다양한 사람, 행동하는 사람, 부지런한 사람, 재주 있는 사람, 재능 있는 사람, 아이디어가 많은 사람, 창의적인 사람, 창조적인 사람, 문학적인 사람, 예술적인 사람, 다재다능한 사람, 현명한 사람, 융통성 있는 사람, 만능재주꾼, 과학자, 연극배우, 영화배우.

부정적일 때 혼란스러운 사람, 복잡한 사람, 사이코패스, 다중인격자, 이것저것 벌이는 사람, 산만한 사람, 속 모를 사람, 믿을 수 없는 사람, 음흉한 사람.

언 제

온종일, 사계절, 언제나.

어 디 서

복잡한 곳, 번화가, 명동거리, 관중석, 영화관, 교실, 백화점, 연극극단, 뮤지컬 공연장, 촬영현장, 방송국, 운동장, 공원, 유흥지, 관광지, 공항, 터미널.

무 엇 을

긍정적 키워드 창의, 화려, 다양, 유행, 열기, 열광, 공연, 경연, 불꽃, 패션, 군중, 인파, 개성, 유혹, 현혹, 임기응변, 모델, 연기자, 이벤트, 행사, 형형

색색, 낙원, 황홀, 무지개, 에너지, 변화, 변동, 비전, 자유, 환희.

부정적 키워드 산만, 방탕, 파탄, 아수라장, 야단법석, 분열, 무질서, 안절부절, 불안성.

어떻게

긍정적 마음과 행동 다양하게, 낙천적으로, 행복하게, 환호하며, 열정적으로, 눈부시게, 화려하게.

부정적 마음과 행동 복잡하게, 산만하게, 횡설수설하여, 좌충우돌하여, 무질서하게.

왜

긍정적 이유 다양해서, 행복해서, 찬란해서, 화려해서, 성공해서.

부정적 이유 복잡해서, 산만해서, 안절부절못해서, 혼비백산하여, 풍비박산 나서, 흩어져서.

● 실 전 해 설

금 전	금전거래가 복잡하다, 빚독촉에 시달린다, 이익이 많다.
사 업	사업이 원활하다, 사업이 복잡하다, 어려움이 많다.
취 업	동시에 여러 곳에 합격한다, 경쟁자가 많다.
학 업	여러 과목이 모두 우수하다, 생각이 너무 많다, 머리가 좋다.
매 매	매매가 복잡하다, 거래가 원활하다.
당 선	인기가 많다, 경쟁자가 많다, 혼란스러운 일이 생긴다.
연 애	인기가 많다, 문어발식 연애, 혼잡하다, 음탕하다, 생각이 많다.

● 예 술 작 품

그 림	구스타프 클림트 〈아델레 블로흐 바우어의 초상 II〉
영 화	사이먼 커티스 감독 〈우먼 인 골드〉.

색채타로 배열법

001 한 장 배열법

[건 강]

색채카드의 오행색으로 신체 각 부위의 건강을 알아보는 방법이다.

오행의 색과 건강

오행	색	건강
목(木)	파란색	간, 담(쓸개), 뼈, 관절, 수술
화(火)	빨간색	소장, 심장, 혈관 질환과 순환기 질환(고혈압·중풍·뇌출혈)
토(土)	노란색	비장, 위장, 비뇨기과, 산부인과
금(金)	흰색	대장, 폐, 뼈
수(水)	검은색	비뇨기과, 산부인과

197

색채타로 배열법

건강한 신체 부위가 어디인가?

답 파란색은 목(木)에 해당하므로 간, 담(쓸개), 뼈, 관절이 건강하다.

답 주황색은 빨간색과 노란색의 조합이다. 따라서 빨간색 부위(소장·심장·혈관)와 노란색 부위(위장·비장·비뇨기)가 건강하다.

답 색을 다 합하면 검은색이 된다. 따라서 모든 신체 부위가 건강하다.

쉽게 피곤한데 간 건강이 걱정된다. 간이 괜찮은가?

답 건강하다. (건강하다고 나왔지만 색채타로에 의지하면 안 된다. 꾸준한 운동, 규칙적인 식습관, 정기적인 건강검진이 필요하다.)

②
흰색

답 흰색은 오행으로 금(金)에 해당한다. 금(金)은 목(木)을 극한다. (힘을 못쓰게 한다.) 그러므로 목(木)에 해당하는 간이 건강하지 않다. 건강검진을 받아보고 치료받는 것이 좋다.

[사 업]

건강에서와 마찬가지로 색채카드의 오행색으로 사업에 대해 알아본다. 단, 여기서는 사업의 종류를 구체적으로 밝혀야 한다. 업종에 따라 색상이 긍정적일 수도 있고 부정적일 수도 있다.

오행의 색과 사업

오행	색	사업
목(木)	파란색	교육사업, 복지사업, 출판사업, 목재사업, 건축사업, 언론사업, 의류사업
화(火)	빨간색	패션사업, 예술사업, 태양광사업, 연예사업, 재철사업, 유튜브사업, 영상사업
토(土)	노란색	무역사업, 연예사업, 중개사업, 부동산사업, 농축산업
금(金)	흰색	기계사업, 제조사업, 금속사업, 기술사업, 공학사업
수(水)	검은색	수산사업, 지식산업, 특허사업, 연구사업, 벤처사업

질문 1 ## 입시학원을 차리려고 하는데 잘되겠는가?

답 잘된다. 파란색의 목(木)이 교육사업과 관련되기 때문이다.

답 잘 안 된다. 노란색의 토(土)는 교육과 관련이 없기 때문이다.

옷가게를 하고 싶은데 잘 되겠는가?

답 잘된다. 옷, 신발, 패션 소품 등은 불에 타는 것이어서 파란색의 목(木)과 관련되기 때문이다.

답 잘된다. 빨간색의 화(火) 역시 패션과 관련이 있으므로 좋다.

질문 3   **횟집을 하려고 하는데 잘되겠는가?**

답 잘된다. 횟집은 수(水)인 수족관이 있어야 하는데 검은색이 수(水)에 해당하므로 좋다.

답 잘된다. 횟집은 수(水)인데 흰색인 금(金)이 수(水)를 생하기 때문이다.

답 잘 안 된다. 횟집은 수(水)인데 노란색 토(土)가 수(水)를 극한다. 좋지 않다.

답 횟집은 수(水)인데 빨간색 화(火)는 수(水)의 극을 당한다. 좋지 않다.

답 횟집은 수(水)인데 수(水)가 생하는 파란색 목(木)은 좋지 않다.

답 잘된다. 횟집은 수(水)에 해당한다. 검은색이 섞여 있거나 검은색 계열 또는 수(水)를 생하는 금(金)의 흰색 계열 색상이 좋다.

⑦
분홍색

답 횟집은 수(水)에 해당한다. 수(水)를 극하는 토(土), 수(水)가 극하는 화(火), 수(水)가 생하는 목(木)의 색은 좋지 않다. 다시 말해 토(土)의 노란색, 화(火)의 빨간색, 목(木)의 파란색이 혼합된 색상은 좋지 않다.

[매 매]

아파트나 토지 등의 매매 여부를 알고 싶을 때에는 매매 대상인 재물이 어떤 오행인지 알아야 한다

오행의 색과 재물

오행	색	재물
목(木)	파란색	주식, 인쇄, 상표권, 전세계약서, 월세계약서, 상담, 교육, 의상, 복지, 농축산물
화(火)	빨간색	예술(그림·음악·무용), 연예(배우·가수·탤런트·개그맨), 패션, 공연
토(土)	노란색	부동산(아파트·단독주택·땅·산), 매매계약서, 농축산물
금(金)	흰색	비트코인, 보석(황금·다이아몬드), 기계, 반도체, 자동차
수(水)	검은색	저작권, 특허권, 수산물, 해양, 연구개발, 아이디어

| 질문 1 | **아파트를 내놓았는데 팔리겠는가?** |

답 팔린다. 아파트와 같은 부동산은 토(土)에 해당한다. 노란색이 섞여 있거나 노란색 계열, 그리고 노란색을 생하는 빨간색 계열의 색상이 부동산 매매에 좋다.

| 질문 2 | **단독주택을 내놓았는데 팔리겠는가?** |

답 팔린다. 아파트와 마찬가지로 단독주택 역시 토(土)에 해당한다. 노란색이 섞여 있거나 노란색 계열이거나 노란색을 생하는 빨간색 계열의 색상이 좋다. 주황색은 노란색과 빨간색의 조합이므로 매매에 유리하다.

색채타로 배열법

질문 3 **종산(宗山)을 내놓았는데 팔리겠는가?**

답 안 팔린다. 산과 같은 부동산은 토(土)에 해당하는데, 토(土)를 극하거나 토(土)가 극
하거나 토(土)가 생하는 색상은 좋지 않다. 토(土)를 극하는 목(木) 파란색, 토(土)가
극하는 수(水) 검은색, 토(土)가 생하는 금(金) 흰색은 매매가 안 된다.

질문 4 **횟집을 팔려고 내놓았는데 팔리겠는가?**

답 횟집은 오행으로 수(水)이지만, 가게를 팔려고 내놓았을 때는 부동산이어서 토(土)에
해당한다. 자영업자가 가게를 매매하는 경우에는 카드를 뽑기 전에 가게로 볼 것인
지, 부동산으로 볼 것인지를 상담자가 미리 정해야 한다.
횟집으로 본 상담자라면 횟집은 수(水)에 해당하고, 노란색은 토(土)이니 「안 팔린다」
가 정답이다. 하지만 부동산으로 본 상담자라면 부동산은 토(土)에 해당하고 노란색
은 토(土)이니 「팔린다」가 정답이다.

옷가게를 내놓았는데 팔리겠는가?

답 옷가게는 오행으로 목(木)이지만, 가게를 팔려고 내놓았을 때는 부동산이어서 토(土)에 해당한다. 자영업자의 가게 매매는 카드를 뽑기 전에 가게로 볼 것인지, 부동산으로 볼 것인지를 상담자가 미리 정해야 한다.

옷가게로 본 상담자라면 옷가게는 목(木)에 해당하고 파란색은 목(木)이니 「팔린다」가 정답이다.

부동산으로 본 상담자라면 부동산은 토(土)에 해당하고 파란색은 목(木)이니 「안 팔린다」가 정답이다.

이번 주에 돈을 받을 수 있겠는가?

답 위 질문은 잘못되었다. 정확한 질문을 다시 받아야 한다. 그 돈이 어떤 돈인가를 질문해야 한다. 부동산을 매매한 돈인지, 빌려준 돈인지, 아니면 물건을 판 돈인지 알아야 한다. 또한 물건도 어떤 물건을 판 돈인지 질문해야 한다. 부동산 매매로 들어오는 돈은 토(土), 기계를 판 돈이면 금(金), 생선을 판 돈이면 수(水), 돼지나 소를 판 돈이면 목(木), 자동차를 판 돈이면 금(金), 책을 판 돈이면 목(木), 빌려주고 차용증을 받은 돈이라면 목(木)에 해당한다.

질문 7 **이번 주에 아파트를 팔고 잔금을 받기로 했는데 받을 수 있겠는가?**

답 아파트를 판 돈이니 부동산 매매이고 토(土)에 해당한다. 토(土)에 해당하는 노란색이 섞여 있는 카드를 뽑았으니 받을 수 있다.

[취 업]

각 색채카드의 오행색을 직장으로 보고 취업운을 알아볼 수도 있다.

오행의 색과 직장

오행	색	직장(공무원·회사원)
목(木)	파란색	목재, 의류, 출판, 신문, 교육, 인사, 복지, 종교, 대민업무 공무원, 교육공무원
화(火)	빨간색	패션, 전자, 제철, 컴퓨터, 자동차, 선박, 방송, 헤어디자이너, 의상디자이너, 태양광, 연예, 예술, 반도체, 통신, 소방공무원
토(土)	노란색	부동산, 건축, 건설, 토목, 컨설팅, 무역, 물류, 중개(결혼정보·부동산중개), 농축산, 토목공무원
금(金)	흰색	자동차, 반도체, 기계, 컴퓨터, 물류, 전자, 외과의사, 치과의사, 산부인과의사, 헤어디자이너, 의상디자이너, 반도체, 통신, 소방공무원, 경찰공무원, 군인
수(水)	검은색	수산, 연구, 지식, 의사, 벤처, 특허, 플랫폼기업, ICT(정보통신기술), 게임, 은행, 금융, 해양, 대민업무 공무원, 세무공무원

질문 1

현대자동차 입사 시험을 보았는데 합격하겠는가?

회색

답 합격한다. 현대자동차는 금(金)에 해당한다. 흰색이 섞여 있거나 흰색 계열, 흰색을 생하는 노란색 계열의 색상이 금(金) 계열의 직장 취업에 유리하다.

삼성전자 입사 시험을 보았는데 합격하겠는가?

답 합격한다. 삼성전자는 금(金)과 화(火)에 해당한다. 전자제품은 금(金)이고 TV, 핸드폰, 컴퓨터와 같이 화면이 있는 것은 화(火)이다. 이렇게 두 가지 오행에 해당하는 경우에는 생하는 오행은 제외하고 바로 그 오행만 활용한다. 삼성전자는 금(金)과 화(火), 즉 흰색 계열과 빨간색 계열이 좋으니 회색은 합격한다.

답 불합격한다. 삼성전자는 금(金)과 화(火)에 해당한다. 두 가지 오행에 해당하는 회사는 금(金)의 흰색과 화(火)의 빨간색은 좋지만, 흰색을 생하는 토(土)의 노란색이나 빨간색을 생하는 목(木)의 파란색은 좋지 않다. 그러므로 불합격한다.

질문 3 **토목직 공무원 시험을 보았는데 합격하겠는가?**

답 토목직 공무원은 토(土)에 해당한다. 노란색이 섞여 있거나 노란색 계열, 노란색을 생하는 빨간색 계열의 색상은 좋다. 하지만 파란색은 좋지 않다. 불합격이다.

질문 4 **소방직 공무원 시험을 보았는데 합격하겠는가?**

답 소방직 공무원은 화(火)에 해당한다. 빨간색이 섞여 있거나 빨간색 계열, 빨간색을 생하는 파란색 계열의 색상이 좋다. 빨간색은 합격이다.

002 **2장 배열법**

2장 배열법은 질문에 따라 다양하게 응용하여 해석할 수 있다. 질문마다 첫 번째 카드와 두 번째 카드는 다음 내용을 나타낸다.

현재	미래
마음	행동
내 생각	주변 생각
원인	결과

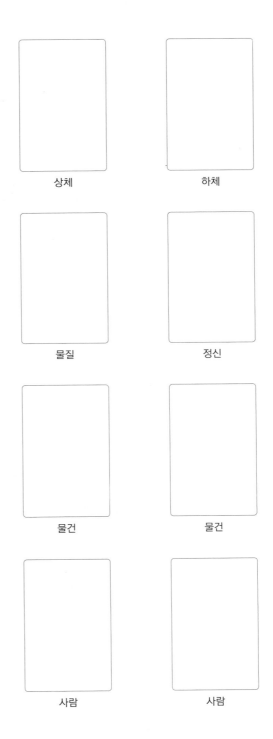

상체

하체

물질

정신

물건

물건

사람

사람

213

질문 1

이번 달 안에 출판사에 취직이 되겠는가?

현재   미래

답 취직이 된다. 출판사는 목(木) 파란색에 해당한다. 만약 가까운 과거부터 현재까지 출판사에 지원했다면 모두 떨어졌을 것이고, 지원하지 않았다면 애초에 출판사에 지원할 생각이 없었을 것이다. 하지만 이번 달에 출판사에 지원한다면 합격할 것이다.

질문 2

아파트를 사려고 하는데 동탄과 일산 중 어디가 좋을까?

동탄   일산

답 일산의 아파트를 구입하라. 부동산은 토(土)에 해당한다. 토(土)의 노란색 계열이 주황색이므로 일산의 아파트를 구입하는 것이 좋다.

올해 아파트를 구입하려고 하는데 괜찮을까?

현재   미래

답 이 경우에는 현재(가까운 과거 포함)와 미래를 내담자의 사주와 비교해 분석한다.

시 일 월 연
戊 乙 乙 庚
寅 卯 卯 寅

질문자의 사주는 수(水)가 인성이고 부동산에 해당한다. 따라서 수(水) 검은색, 그리고 수(水)를 생하는 금(金) 흰색이 미래에 있으면 부동산복이 있어 아파트를 구매해도 좋다.

위 배열법을 보면 가까운 과거와 현재를 나타내는 카드가 갈색이므로 부동산 가격이 올랐거나 부동산으로 인한 혜택을 보았다. 미래는 남색인데 파란색에 검은 빛이 도는 색이 남색이므로 부동산 구입으로 이익을 조금 얻는다.

올해 아파트를 구입하려고 하는데 괜찮을까?

현재   미래

답 동일한 질문에 각각 다른 카드가 나온 경우이다. 앞서와 마찬가지로 현재(가까운 과거 포함)와 미래를 내담자의 사주와 비교해 분석한다.

시 일 월 연

戊 乙 己 庚

寅 卯 卯 寅

위 사주는 수(水)가 인성이고 부동산에 해당하는데, 수(水) 검은색과 수(水)를 생하는 금(金) 흰색이 미래에 있으면 부동산복이 있어 아파트를 구입해도 좋다.

위 배열법에서 가까운 과거와 현재는 하늘색으로 부동산 매매에 도움이 없었다. 하지만 미래는 검은색으로 인성인 부동산에 해당하므로 부동산복이 크다. 따라서 구입하는 것이 좋겠다.

질문 4

두 명의 남자 A와 B가 나를 좋다고 따라다니는데 누구를 선택해야 하나?

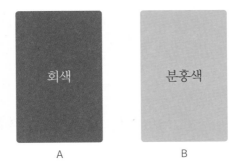

답 B를 선택해야 한다. 연인들의 사랑에는 빨간색, 분홍색 등이 유리하다.

질문 5

A와 B 두 사람 중에서 어떤 사람과 동업을 하면 좋을까?

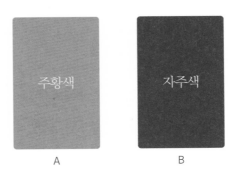

답 A를 선택해야 한다. 사업이나 재물에는 노란색이나 노란색 계열이 유리하다.

질문 6 지금 만나는 남자친구가 있는데 그는 어떤 사람일까?

마음   행동

답 속마음은 우울하고 부정적이며 의심이 많다. 겉으로는 밝고 활기차고 대범하게 행동한다.

003

3장 배열법

2장 배열법과 마찬가지로 질문에 따라 다양하게 응용할 수 있으며, 질문마다 각각의 카드는 다음 내용을 나타낸다.

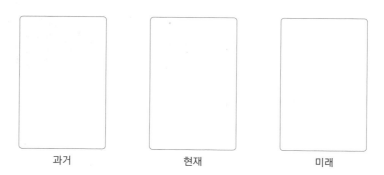

과거   현재   미래

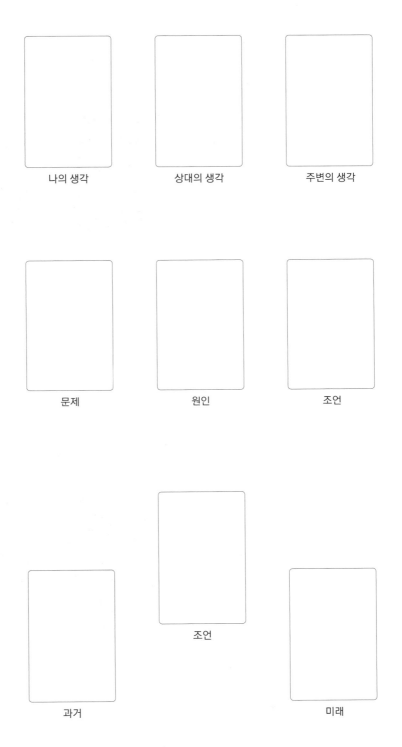

나의 생각   상대의 생각   주변의 생각

문제   원인   조언

조언

과거   미래

여자친구와 만난 지 1년 정도 되었는데 잘될까?

과거   현재   미래

답 과거는 흰색이므로 서로 이성으로 관심이 전혀 없었고 순수한 만남이 없다.

현재는 빨간색이므로 뜨거운 사랑으로 열정을 불태우고 있다.

미래는 초록색이므로 얼마 후 뜨거운 사랑은 식게 될 것이고 편안한 친구 같은 만남

이 될 것이다.

여자친구와의 만남이 잘될까?

나의 생각   상대의 생각   주변의 생각

답 나의 생각은 흰색이므로 서로 어떻게 될지 전혀 모르겠다. 순수한 사랑을 하고 있다.

상대의 생각은 빨간색이므로 뜨겁게 짝사랑하고 있다. 잘될 것 같다.

주변의 생각은 초록색이므로 두 사람은 친구처럼 편안한 관계인 것 같다.

질문 3　　　　**불고기 가게를 하고 싶은데 부모님이 돈을 투자해주실까?**

문제　　　　　　원인　　　　　　조언

📋 문제는 검은색이므로 부모님이 투자할 생각이 전혀 없다.

원인은 회색이므로 부모님은 (자녀 본인이) 뚜렷한 목표의식도 없고 우유부단하며 열정이 부족하다고 생각하고 있다.

조언은 노란색이므로 부모님과 적극적으로 소통하고 살갑게 다가가서 신뢰를 주어야 한다.

004　　　**4장 배열법**

3장 배열법과 마찬가지로 질문에 따라 다양하게 응용할 수 있다.

질문 1	**올해 1년 운세가 어떨까?**

파란색	빨간색	흰색	검은색
봄	여름	가을	겨울

답 봄은 파란색이므로 인간관계가 좋아지고 주변사람이 도와준다.

여름은 빨간색이므로 열정적이고 활기차고 적극적으로 풀린다.

가을은 흰색이므로 현상유지하고 잘 지킨다.

겨울은 검은색이므로 생각이 많고 신중해진다.

질문 2	**A와 B 두 사람 중에서 누가 의류사업에 더 어울리는가?**

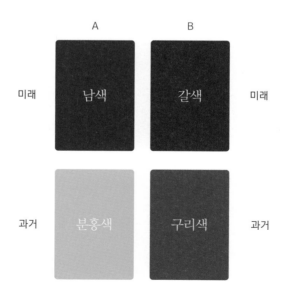

A　　　　B

미래　　남색　　갈색　　미래

과거　　분홍색　　구리색　　과거

222

PART 2 · 색채타로의 종합분석과 활용

답 A의 과거는 분홍색인데 의류사업은 패션사업이니 분홍색은 매우 좋다.

A의 미래는 남색인데 의류사업은 파란색 계열이 좋으니 남색은 좋다.

B의 과거는 구리색인데 의류사업이나 패션사업에 구리색은 어울리지 않는다.

B의 미래는 갈색인데 의류사업이나 패션사업에 갈색은 어울리지 않는다.

질문 3   **A와 B 두 사람 중 누가 나를 더 좋아하는가?**

답 A의 마음은 회색이므로 신뢰하지 않고 의심하고 있다.

A의 행동은 검은색이므로 아무런 감정 표현을 하지 않고 있다.

B의 마음은 분홍색이므로 많이 좋아하고 있다.

B의 행동은 노란색이므로 충분히 표현하고 있다.

005   **5장 배열법**

5장 배열법 역시 질문에 따라 다양하게 응용할 수 있다. 더 많은 수의 색채 카드를 사용하는 배열법도 같은 방식으로 응용하면 된다.

색채타로 배열법

질문 1 **건강에 대해 알고 싶다.**

초록색	흰색	빨간색	노란색	검은색
목	화	토	금	수

답 같은 오행과 생을 받는 오행은 건강하다. 하지만 생하는 오행, 극하는 오행, 극을 당하는 오행은 건강하지 않다. 즉, 목(木)은 파란색 계열과 검은색 계열, 화(火)는 빨간색 계열과 파란색 계열, 토(土)는 노란색 계열과 빨간색 계열, 금(金)은 흰색 계열과 노란색 계열, 수(水)는 검은색 계열과 흰색 계열이 건강하다.

배열된 카드에서 목(木)은 간, 담(쓸개), 뼈, 관절을 관장하는데 파란색 계열인 초록색이므로 건강하다.

화(火)는 소장, 심장, 혈관과 순환기를 관장하는데 흰색이니 건강하지 않다.

토(土)는 비장, 위장, 비뇨기를 관장하는데 토(土)를 생하는 빨간색이니 건강하다.

금(金)은 대장, 폐, 뼈를 관장하는데 금(金)을 생하는 노란색이니 건강하다.

수(水)는 신장과 비뇨기를 관장하는데 검은색이니 건강하다.

질문 2 **연구원에 합격할 수 있는가?**

검은색	회색	흰색	갈색	자주색
먼 과거	과거	현재	미래	먼 미래

답 연구원은 연구, 학습, 수학에 해당하는 검은색 계열이 가장 유리하고, 다음으로는 흰색 계열이 유리하다. 위 배열은 검은색 계열과 흰색 계열이 대다수여서 합격이 가능하겠다.

질문 3   **베트남과 인도네시아 축구 경기에서 어느 나라가 이기겠는가?**

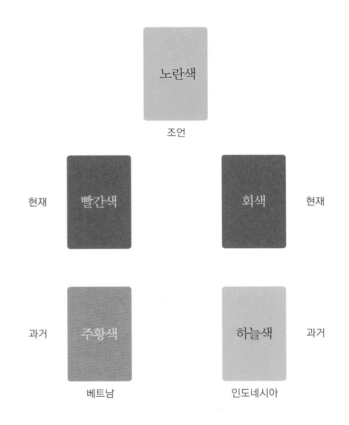

조언

현재   빨간색   회색   현재

과거   주황색   하늘색   과거

베트남   인도네시아

답 과거 베트남은 주황색이고, 인도네시아는 하늘색이다. 축구 시합은 빨간색과 노란색 계열이 유리하니 주황색인 베트남이 과거에 더 많은 승리를 하였고 실력이 뛰어났다. 현재는 베트남이 빨간색, 인도네시아가 회색이니 빨간색인 베트남이 승리한다. 조언은 노란색이니 적극적으로 공격적으로 밀어붙이면 승리할 수 있겠다. 만약 조언에 검은색 계열이 있었다면 수비축구가 더 유리하다고 할 수 있다.

                 색채타로 배열법

6장 배열법

올 한 해의 운세가 어떨까?

검은색	터키옥색	주황색	투명색	하늘색	흰색
1·2월	3·4월	5·6월	7·8월	9·10월	11·12월

답 1·2월은 검은색이므로 생각을 많이 하고 연구하고 준비해야 하는 달이다.

3·4월은 터키옥색이므로 명예와 인기를 얻게 되고 주변 사람이 따르게 된다.

5·6월은 주황색이므로 대인관계가 원만하고 해외나 출장 등 역마의 기운으로 활동 반경이 넓어진다.

7·8월은 투명색이므로 자신의 생각과 행동과 삶이 그대로 드러나게 된다. 거짓말을 하면 발각되니 솔직하게 대처하는 것이 좋다.

9·10월은 하늘색이므로 편안하고 평화로운 일들이 지속될 것이다.

11·12월은 흰색이므로 한 해를 정리하고 새롭게 시작하는 기분으로 연말을 맞이하게 된다.

질문 1   **이번 주 운세는 어떨까?**

투명색	은색	황토색	와인색	빨간색	다양한색	터키옥색
월	화	수	목	금	토	일

답 월요일 투명색은 대인관계가 폭넓고 적극적이며 개방적이고 솔직하다. 월요일에는 하는 일에 정확하고 공과 사가 명확하며 적극적이고 개방적인 하루가 되겠다.

화요일 은색은 가정적이고 보수적이며 원리원칙적이고 조건적이다. 화요일에는 처리할 일들이 많아지고 하루의 스케줄이 가득 차 있다. 바쁜 시간 속에서도 가족을 생각하게 하는 날이 되겠다.

수요일 황토색은 매우 편안하고 안정적이며 순수하고 부드럽고 정직한 색이다. 수요일에는 정서적으로 안정되고 편안하고 사람들과 소통이 잘되고 즐거운 시간을 가지게 된다.

목요일 와인색은 생각이 많고 신중하며 안정과 안전을 추구하는 고급스러운 색이다. 목요일에는 일찍 귀가하며 책을 읽거나 연구하는 일이 생기게 되고, 가족이나 친구들과 품격 있는 대화나 시간을 보내게 되겠다.

금요일 빨간색은 열정적이고 정열적이며 표현적이고 행동하는 색이다. 금요일에는 사람들과 만나 새로운 일을 하거나 자신감이 넘쳐서 자신의 감정을 솔직하게 표현하고 적극적으로 일을 추진해 나가는, 활동력이 넘치는 시간을 보내게 되겠다.

토요일 다양한 색은 바쁘고 복잡하고 폭넓고 다양하고 산만하다. 만나는 사람도 많고 할 일도 많으며 정신없이 바쁘고 산만한 토요일이 될 것이다.

일요일 터키옥색은 은은하고 부드러우며 신비롭고 자연스럽고 편안한 색이다. 일요일에는 마음과 몸이 편안하고 여유롭다. 가족이나 가까운 지인들과 따뜻한 시간을 보내는 일요일이 될 것이다.

질문 2 이번 주 남자친구와의 연애운은 어떨까?

주황색	갈색	초록색	회색	와인색	다양한색	투명색
월	화	수	목	금	토	일

답 월요일 주황색은 열정, 활기, 적극, 행동, 관계를 상징하니 남자친구와 즐겁고 재미있는 시간을 가지고 활기차게 어울리게 될 것이다. 자칫 기분이 너무 업되어 다툼이 생길 수도 있으니 주의해야 한다.

화요일 갈색은 안정, 평화, 안전, 지혜, 아이디어를 상징하며 남자친구와 평범하고 안정적인 차분한 관계를 가지게 될 것이다.

수요일 초록색은 배려, 도움, 평화, 안정, 위로 등을 상징하니 서로 배려심을 가지고 위로와 위안을 주며 평화롭고 안정적인 관계를 유지하게 될 것이다.

목요일 회색은 신중, 성숙, 안정, 감성, 애매, 우유부단 등을 상징하니 안정적이고 우유부단한 만남을 할지 말지, 식사는 무엇으로 할지, 전화를 먼저 할지 등을 서로 미루다가 다툼이 생길 수도 있을 것이다.

금요일 와인색은 신중, 안정, 안전, 고상, 지적, 총명을 상징하니 고급스러운 만남이 될 것이며, 호텔이나 레스토랑 등 고급음식점을 선택하게 될 것이다. 다만 자신의 속마음을 포장하기 때문에 거짓으로 인해 서로 답답한 느낌이 생길 것이다.

토요일 다양한 색은 창의, 복잡, 총명, 다재다능, 산만, 죽음을 상징하니 만나면 즐겁고 재미있고 다양한 이벤트를 보여주겠지만, 또 다른 이성으로 인해 다툼이 생길 수도 있을 것이다.

일요일 투명색은 직설, 순수, 정확, 시원, 솔직함, 합리, 공감을 상징하니 서로 자신의 감정을 솔직하게 드러내고 표현하여 신뢰와 믿음을 느끼게 된다. 다만 너무 솔직한 감정 표현으로 마음의 상처가 생길수도 있을 것이다.

사주배열법

사주배열법은 자신의 사주를 응용하여 분석하는 방법으로 근묘화실을 활용한 배열법(8장 사용)과 육친을 활용한 배열법(10장 사용)으로 구분할 수 있다. 두 가지 배열법 중 하나만 선택하여 오늘의 운세, 일주일 운세, 이 달의 운세, 올해의 운세 등을 볼 수 있다.

사주팔자 근묘화실 배열법

사주팔자를 뽑지 않고 연월일시를 조부모, 부모, 배우자, 자식으로 구분하여 분석한다.

사주팔자 육친나열법

이 방법은 사주팔자를 뽑을 줄 알고 육친을 공부한 경우에만 가능한 배열법이다.

시	일	월	연	(坤)
壬	壬	庚	壬	
비견	나	편인	비견	
寅	辰	戌	戌	
식신	편관	편관	편관	

	시	일	월	연
윗줄	⑨ 편재	⑦ 비견	⑤ 나	③ 편인 ① 비견
아랫줄	⑩ 정재	⑧ 식신	⑥ 편관	④ 편관 ② 편관

1. 사주팔자를 뽑는다.

2. 사주팔자의 육친을 적는다.

3. 월간과 지지에 없는 육친을 암장(지장간)에서 찾는다.

4. 천간과 지지와 암장(지장간)에도 없는 육친은 9번 카드와 10번 카드로 대체한다.

5. 같은 육친이 여러 개 있을 때는 월지에 있는 것을 가장 가까운(친분이 있는) 육친으로, 그 다음 일지, 월간, 시간, 시지, 연간, 연지 순으로 분석한다.

위 사주는 비겁(비견과 겁재), 식상(식신과 상관), 재성(편재와 정재), 관성(편관과 정관), 인성(편인과 정인) 중 재성이 없다. 그러므로 연월일시에 없는 편재와 정재는 별도의 배열로 분석해야 한다.

009

10장 배열법

이 배열법은 켈틱 크로스 배열법이라고도 한다.

①은 질문을 나타낸다.

②는 질문의 문제, 질문의 원인을 나타낸다.

③은 먼 과거를 나타낸다.

④는 가까운 과거를 나타낸다.

⑤는 현재를 나타낸다.

⑥은 가까운 미래를 나타낸다.

⑦은 내가 바라보는 질문에 대한 생각을 나타낸다.

⑧은 타인이 바라보는 질문에 대한 생각을 나타낸다.

⑨는 나의 깊은 속마음을 나타낸다.

⑩은 먼 미래를 나타낸다.

질문 **플랫폼 사업을 하려고 하는데 잘 할 수 있을까?**

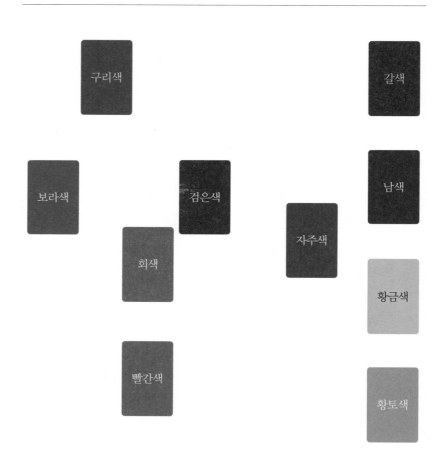

답 플랫폼 사업은 오행으로 수(水) 검은색에 해당한다.

① 질문은 회색이므로 오랜 기간 동안 ICT 연구에 매진했었고, 실력을 겸비하고 쌓아

온 연구 실적으로 새로운 사업을 시작하고자 한다.

② 질문의 문제, 질문의 원인은 검은색이므로 충분히 ICT, 플랫폼 사업의 능력을 가지고 있다.

③ 먼 과거는 빨간색이므로 먼 과거에는 준비도 안 되었고 힘들었다.

④ 가까운 과거는 보라색이므로 가까운 과거에는 어느 정도 플랫폼 사업 준비가 되어 있었다.

⑤ 현재는 구리색이므로 지금은 충분히 실력을 갖추고 있다.

⑥ 가까운 미래는 자주색이므로 미래는 수익을 창출할 것이다.

⑦ 내가 바라보는 질문에 대한 생각은 황토색이므로 쉽지 않은 어려운 길을 가려고 한다. 플랫폼 사업은 검은색이나 흰색 계열이 좋고, 황토색이나 황금색은 덜 어울린다.

⑧ 타인이 바라보는 질문에 대한 생각은 황금색이므로 쉽지 않은 미래가 걱정된다.

⑨ 나의 깊은 속마음은 남색이므로 한번쯤 모험을 해볼 생각이고 기꺼이 도전할 준비가 되어 있다.

⑩ 먼 미래는 갈색이므로 좋은 결과가 있을 것이다.

010   **12장 배열법**

가로배열법

12장의 카드를 1월부터 12월까지 한 줄로 배열하는 방법이다.

주황색	회색	노란색	파란색	초록색	흰색	보라색	분홍색	검은색	자주색	갈색	빨간색
1월	2월	3월	4월	5월	6월	7월	8월	9월	10월	11월	12월

색채타로 배열법

원형배열법

12장의 카드를 시계방향으로 1월부터 12월까지 배열하는 방법이다.

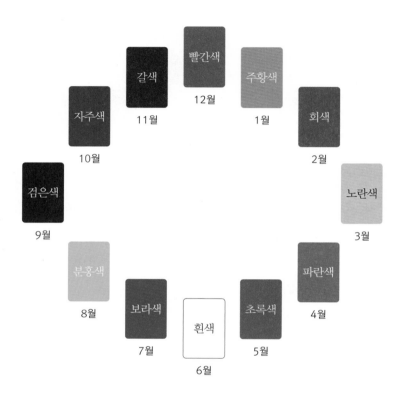

답 1월 주황색은 한 해의 시작을 활기차고 열정적으로 시작할 것이다. 에너지가 넘치고 여유롭고 용감하고 창조적으로 한 해를 열게 된다.

2월 회색은 1월의 열정적인 시작에 비해 생각이 많아지고 신중해진다. 복잡하고 다각도로 생각해야 하는 일들이 많이 나타난다.

3월 노란색은 대인관계도 원만해지고 주변 사람들의 도움도 많아진다. 변화변동의 운이 강해서 이사를 하거나 부동산과 관련된 일이 있게 될 것이다.

4월 파란색은 평화롭고 안정적이며 마음이 온화해진다. 사람들과 배려하며 정을 주고받고 가정에서도 화목하고 풍요롭다.

5월 초록색은 생동감이 넘치고 생각과 느낌이 명료해지고 잘 소통되며 사람들과의 관계도 원만해진다.

6월 흰색은 마음을 비우고 욕심도 없어지는 시기이다. 욕심을 부린다 해도 수익이 없고 손해만 보게 된다.

7월 보라색은 주변 사람들에게 인기가 많아지나 감성적이고 센티멘탈해진다. 감정의 기복이 심해지고 혼자 있고 싶어지는 시기이다. 씀씀이가 커지는 시기이기도 하다.

8월 분홍색은 사람들에게 인기가 많아지고 친구, 이성 등을 새롭게 만나게 되기도 한다. 이성친구가 있는 사람에게는 서로 사랑이 커지고 행복한 일들이 넘쳐난다.

9월 검은색은 지식, 정보수집, 지혜 등과 관련이 있으니 이때 시험이 있는 사람들에게는 합격의 영광이 있을 수 있다.

10월 자주색은 고급스러워지고 싶고 인정받고 싶어지는 시기이고, 감정의 기복이 매우 큰 시기이다. 품위와 품격을 지키고 싶어 주변 사람들을 의식한다.

11월 갈색은 부동산과 관련이 있는 색깔이기에 이사를 하거나 부동산을 확장하면 좋을 것 같다. 또는 사람들의 중계역할로 능력을 인정받을 수 있다.

12월 빨간색은 활기차고 적극적이고 행동적이며 새로운 시작을 잘한다. 사람들 앞에 나서서 이야기할 일이 많아지고 자신감도 넘친다.

24시간 배열법

12장의 카드를 시계방향으로 배열하는데, 하나의 카드마다 2시간씩 배정된다. 즉, ①은 오후 11시~오전 1시, ②는 오전 1시~오전 3시, ③은 오전 3시~오전 5시, ④는 오전 5시~오전 7시, ⑤는 오전 7시~오전 9시, ⑥은 오전 9시~오전 11시, ⑦은 오전 11시~오후 1시, ⑧은 오후 1시~오후 3시, ⑨는 오후 3시~오후 5시, ⑩은 오후 5시~오후 7시, ⑪은 오후 7시~오후 9시, ⑫는 오후 9시~오후 11시로 보고 각각 2시간씩의 운세를 본다.

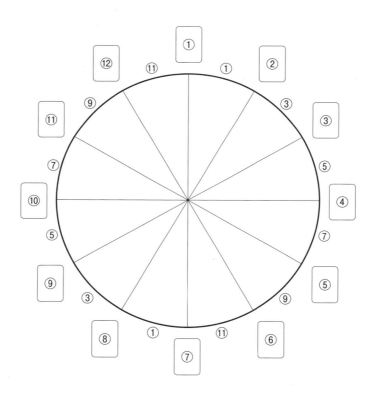

색의 궁합

001   좋은 궁합과 나쁜 궁합

궁합은 「좋으냐, 나쁘냐」의 문제가 아니다. 궁합은 서로간의 이해이며 조화이다. 지금까지의 궁합은 「원진살이 있어서 나쁘다, 혹은 충살이 있어서 상대를 잡아먹는 궁합이다. 합이 있으니 결혼하면 잘산다」 등 좋은 궁합과 나쁜 궁합 두 종류에 국한되어 있었다.

"궁합이 좋으니까 결혼하면 좋아."
"궁합이 좋으니까 동업하면 좋아."
"궁합이 나쁘니까 절대 결혼하지 마."
"궁합이 나쁘니까 동업하면 망해."

용하다는 점집을 찾아가 궁합을 물어보면 흔히 듣던 이야기이다. 결론적으로 말하면, 궁합은 「좋다, 나쁘다」가 아니라 서로의 장단점을 분석하여 장점을 살려주고 단점을 보완해가면 된다. 서로 이해하는 것이 궁합인 것이다.

237

색의 궁합

사주명리학의 궁합은 과다한 오행을 중심으로 분석한다. (한 사람의 사주팔자에서 각각의 오행은 무존재, 고립, 발달, 과다, 태과다로 분류된다.) 태과다한 오행이 있으면 태과다의 성격 특성이 나타난다. 태과다가 없고 과다 오행이 있으면 과다의 성격 특성이 나타난다. 태과다와 과다가 없으면 일간 오행과 발달 오행의 성격 특성이 나타난다.

남녀 궁합, 부모와 자녀의 궁합, 동업자 간의 궁합은 사주팔자에 존재하는 오행, 육친, 신살을 분석하고 각자 강하게 나타나는 성향을 찾아낸다. 그리고 상대방과의 관계를 통해 장단점을 판단하는 것이 중요하다. 그런 이후에 장점은 살리고, 단점은 보완하거나 이해하는 것이다. 각자 다를 뿐, 나쁜 것은 없다. 서로 소통하게 만들면 된다. 여기서는 태과다나 과다, 발달, 일간의 오행을 결합하여 궁합을 살펴보고자 한다.

002   색의 배합과 궁합

색의 배합에 관한 연구는 색채연구가나 심리학자들 사이에서 흥미로운 주제였다. 미국 심리학자 길포드(Joy P. Guilford)는 지능과 창의성 연구에서 탁월한 성과를 이루었는데, 특히 지능구조 모형을 통해 설명하는 지능이론과 확산적 사고라는 개념을 탄생시켰다. 그리고 그의 후학들이 개념혼합, 연마이론 등의 창의성 설명기법을 만들어냈다.

길포드는 색의 배합을 끊임없이 실험하고 연구했다. 비슷한 색을 배합하거나 서로 다른 색을 배합했을 때, 그리고 중간 정도의 다른 색을 배합했을 경우 유쾌한 효과를 준다는 결과를 얻었다. 이는 특히 남성보다 여성에게 더 강하게 나타난다. 노란색은 비슷한 배합인 등황색이나 연두색, 전혀 다른 배합인 파란색, 남색, 보라색과 결합되었을 때 조화를 이루게 된다. 그러나 노란색이 주황색, 초록색, 빨간색 등과 결합되었을 때는 조화롭지 않았다.

이마다(M. Imada) 또한 색 배합에 관한 연구를 했는데, 아이들이 좋아하는 색의 배합은 빨간색과 노란색, 빨간색과 파란색이라는 결과를 얻어냈다.

윌리엄 월튼(William E. Walton)과 블라 모리슨(Beulah M. Morison)이 성인들을 대상으로 연구한 결과를 보면 파란색, 빨간색이 가장 선호되었다. 이어 파란색과 초록색의 배합, 빨간색과 초록색의 배합, 호박색과 파란색, 호박색과 초록색, 빨간색과 호박색의 순으로 선호했다는 결론을 얻었다.

빨간색 RED

빨간색(RED) + 빨간색(RED)

열정과 정열이 만나 시너지효과가 나는 조합이다. 힘이 넘쳐 외향적이다. 무엇보다 활기찬 조합으로 새로운 모험, 새로운 도전, 새로운 시도, 새로운 변화를 즐긴다. 커플의 경우에는 자신들의 생각을 적극적으로 표현한다. 뜨거운 열정이 항상 잠재되어 있어서 새로운 일에 도전도 잘하지만, 감정을 절제하지 못하고 폭발하는 경향도 있다. 다툼과 갈등도 많은 조합이다.

빨간색(RED) + 주황색(ORANGE)

활기차고 생동감이 있다. 톡톡 튀는 발랄함과 애교스러움이 가득한 조합이다. 밝고 명랑하며 주변 사람들을 의식하지 않는 커플이다. 적극적으로 자신들의 감정들을 표현한다. 서로의 대화가 술술 풀려가고 웃음이 끊이지 않는다. 생동감이 넘치고 활기차게 대화를 이끌어간다. 각자 대인관계의 폭이 넓어 타인과 관계가 이어지다 보니 두 사람만의 대화나 만남의 시간이 부족한 편이다.

빨간색(RED) + 노란색(YELLOW)

명랑하고 활기찬 조합이다. 원기왕성하며 에너지가 넘친다. 한 사람은 열정과 활기가 있고, 한 사람은 명랑하고 쾌활하며 밝은 커플이다. 두 사람이 만나면 대화가 끊이지 않고 명랑한 분위기가 고조된다. 빨간 색채에 해당하는 남자는 사람들과 관계 맺기를 좋아하며, 즐겁고 쾌락적인 관계를 만들어간다. 노란 색채의 여자는 애교가 많고 명랑하여 역시 사람들과 대화 나누기를 좋아한다. 각자 폭넓은 인간관계로 인해 두 사람만의 대화가 줄어들기 시작하는 단점도 존재한다.

빨간색(RED) + 초록색(GREEN)

이 조합은 열정적이고 활동적인 에너지와 청명하고 시원함이 넘친다. 여유롭고 적극적이며 관대하며, 친절함이 넘치고 서로의 생각과 행동을 조화롭게 주고받는다. 긍정적이고 희망적인 에너지를 방출하는 색채의 조합이다. 빨간색의 열정과 초록색의 따뜻한 성향의 만남으로 서로 간에 소통이 원활하다. 다만 빨간색의 남자가 자기 감정을 너무 쉽게 드러내서 버럭 화를 내는 상황에서는 초록색의 여자가 감정의 상처를 받게 되고 토라지는 상황이 반복될 수 있다.

빨간색(RED) + 파란색(BLUE)

빨간색은 열정과 모험의 색이다. 파란색은 배려가 많고 감성적인 색이다. 열정과 배려, 모험과 성장의 색으로 서로의 능력을 강화할 수 있는 조합이다. 빨간색은 자신의 감정을 감추지 않고 드러내고 표현한다. 파란색은 타인에 대한 배려와 사랑으로 자신의 감정을 쉽게 드러내지 않는 색이다. 빨간색이 자신의 감정과 생각을 조금 줄여가고, 파란색이 타인의 감정과 생각을 존중하며 자신의 감정과 생각을 적극적으로 표현할 수 있다면, 환상의 궁합이 될 수 있다.

빨간색(RED) + 보라색(VIOLET)

열정과 모험의 빨간색과 감성적이면서 특별함이 존재하는 보라색의 조합이다. 행동과 언어적 표현으로 자신의 감정을 드러내는 빨간색과, 감수성과 패션코드로 자신의 감정을 드러내는 보라색은 강력한 에너지가 서로를 자극하고 이끌어주는 작용을 한다. 각자가 지닌 개성을 통해 시너지효과가 나타나기도 하지만, 때로는 서로를 공격하고 상처 주는 상황도 발생할 수 있는 조합이다. 자신의 감정과 생각을 존중해주는 습관을 기르는 것이 두 사람의 관계를 긍정적으로 변화시키는 지름길임을 명심해야 한다.

빨간색(RED) + 흰색(WHITE)

열정의 색 빨간색과 개성이 유달리 강한 흰색의 결합이다. 빨간색은 자신의 감정이나 생각을 즉흥적으로 드러내는 타입이다. 반면 흰색은 자신의 감정과 생각을 계획하고 구조화시켜 완벽하게 분석하는 타입이다. 빨간색이 강압하는 단점이 있다면, 흰색은 비판하는 단점이 있다. 빨간색은 뒤끝 없이 금방 풀어버리는 장점이 있다면, 흰색은 해결할 때까지 감정을 유지한 채 마무리하는 장점이 있다.

빨간색(RED) + 검은색(BLACK)

모든 것을 겉으로 표현하는 빨간색, 그리고 생각과 감정을 마음에 저장하는 검은색의 만남이다. 행동하고 모험을 즐겨 하는 빨간색, 그리고 신중하게 검토하고 망설이는 검은색은 서로의 색깔이 뚜렷하면서도 정반대의 조화를 지닌 조합이다. 남자 빨간색은 적극적으로 자신의 의사 표현을, 여자 검은색은 참고 인내하는 타입으로, 겉으로는 서로 무난하게 보인다. 하지만 너무 과도한 빨간색 남자는 자기 위주로 대화를 이끈다. 검은색이 불만을 끝까지 드러내지 않고 계속 저장하는 모습을 보며 빨간색은 답답하다. 반대로 검은색 입장에서는 자기 감정을 조절하지 못하고 상대를 무시하는 듯한 빨간색의 태도가 난감하다.

주황색 ORANGE

주황색(ORANGE) + 주황색(ORANGE)

원기가 왕성하다. 같은 주황색의 조합은 생동감이 있다. 쾌활하고 적극적이다. 사교적이고 낙천적인 주황색과 주황색의 만남은 서로 쉽게 의사소통이 되고 쌓아두는 감정 없이 투명하다. 다만, 자신의 감정과 생각을 너무 쉽게 드러내다 보니 상대에게 상처를 주거나 말실수를 하기도 한다. 조금은 절제하고 자제하는 언어습관을 가져야 서로의 갈등과 다툼을 줄일 수 있다.

주황색(ORANGE) + 빨간색(RED)

사교적이고 유머감각이 뛰어난 주황색과 열정 및 활동성, 표현력이 뛰어난 빨간색의 만남은 훌륭한 조합이다. 둘 다 사교적이고 대인관계가 넓어 함께 취미생활을 한다면 무척 좋은 관계를 유지할 수 있다. 하지만 각자 친구, 선후배, 모임에 열심이다 보면 두 사람만의 대화와 소통의 시간이 현저하게 적어질 수 있다.

주황색(ORANGE) + 노란색(YELLOW)

명랑하고 유쾌한 주황색과 밝고 활기찬 노란색의 만남은 언제나 햇살처럼 해맑다. 밝고 유쾌함이 넘쳐나는 색상의 조합이다. 빨간색과 노란색의 결합으로 오렌지색(주황색)이 나왔으니 빨간색의 강렬함은 줄어든다. 그리고 노란색의 낙관적이고 관계적인 특징 또한 줄어들어 그 중간의 형태인 밝고 유쾌하고 어울림에 관심이 많은 색상이다.

주황색(ORANGE) + 초록색(GREEN)

태양의 열정과 강렬함, 담대함, 따뜻함을 지닌 오렌지색(주황색)과 초록색의 향연이 가득한 자연의 만남이 이상적이다. 봄, 젊음, 균형, 배려, 생명, 환경의 색인 초록색이 주황색과 만나 이색적이면서 다른 듯 조화로운 색의 조합이다. 자연의 열정과 담대하고 강렬한 초봄의 젊음이 만나 조화를 이룬다. 두 색 모두 자연에 대한 동경, 자연에 대한 순화가 함께하는 순수성, 자연성을 품고 있다.

주황색(ORANGE) + 파란색(BLUE)

정열과 열정, 자연처럼 투명하고 자연스러우면서 담대한 색이 주황색이다. 여기에 모험적이며 환상적인 깊고 짙은 바다의 색 파란색이 어울리면 신비롭다. 10년마다 인간세상에서 유행하는 색이 오렌지색이다. 괴테의 『색채론』에서 매력적인 무(無)의 색이라 불렸을 정도의 바다처럼 고요하고 하늘처럼 드넓은 순수한 파란색과 주황색이 만나면 사랑과 소통이 넘친다.

주황색(ORANGE) + 보라색(VIOLET)

주황색은 활기차고 담대한 에너지를 지녔다. 초가을의 햇살을 닮은 색상이며 자연의 따뜻하고 편안함이 가득한 색상이다. 보라색은 부드러움과 가여움과 죽음과 슬픔, 그리고 기쁨이 어우러진 색상이다. 주황색의 활기참과 담대함, 그리고 감정기복과 변화가 심한 보라색의 만남은 서로 전혀 어울리지 않을 듯하면서도 안정감을 준다. 주황색 입장에서는 보라색의 감정기복이 호기심을 일으키고, 보라색 입장에서는 주황색의 활기차고 열정적인 모습이 보라색의 우울함과 혼란스러운 감정을 안정감 있게 만들어주는 역할을 하게 된다.

주황색(ORANGE) + 흰색(WHITE)

주황색은 활기차고 여유가 있다. 명랑하면서 자유로운 색상이다. 흰색은 절대성과 극단성을 동시에 지니고 있다. 엄격하고 완벽을 꿈꾸는 만큼 경직되어 있고, 결벽증과 무관심의 성향을 가지고 있는 색상이다. 오렌지색과 화이트의 만남은 활기차고 자유로운 색상과 엄격하고 완벽한 성향의 만남이다. 서로 정반대의 느낌을 준다. 하지만 주황색은 자기 표현의 성향이 강한 편이고, 흰색은 자기 감정을 억제하고 절제하는 성향이다. 함께하면 서로의 단점을 보강하고 장점을 살려주는 특징이 있다. 열정과 자유로움을 추구하는 주황색의 입장에서는 틀 안에서 규칙을 정해 움직이길 강조하는 흰색이 답답해 보인다. 반면, 생각과 감정이 구체화, 계획화되어 있는 흰색의 입장에서 살펴보면 오렌지의 열정과 자유로움이 너무 방만해 보일 수 있다.

주황색(ORANGE) + 검은색(BLACK)

주황색은 활기차고 열정이 넘치고 개방적이다. 반면 검은색은 밤, 어두움, 죽음, 슬픔, 우울을 상징한다. 끝도 없는 깜깜한 동굴이나 심해처럼 깊은 검은색의 생각은 알 수 없다. 자기 생각을 솔직하게 드러내고 표현하기를 좋아하는 주황색과, 생각이나 감정을 감추고 드러내지 않는 검은색의 만남은 서로 궁합이 어긋난다. 다만, 남성이 주황색이고 여성이 검은색일 때는 나름대로 어울리는 조합이다.

노란색 YELLOW

노란색(YELLOW) + 노란색(YELLOW)

노란색은 유쾌하고 활발하며 밝은 모습으로 사람과의 관계를 이끌어 나간다. 명랑하고 쾌활하며 적극적이다. 노란색과 노란색이 만나면 부드럽고 무리가 없다. 누구에게나 붙임성이 좋고, 따뜻한 성정을 지닌 색이다. 서로의 대화 코드가 잘 통한다. 노랑의 성향은 누구나 관계 맺기를 원한다. 대인관계의 폭은 넓지만, 가족과 같은 구성원은 서운한 감정이 들기도 한다. 가정보다는 사회활동을 잘하는 타입이다.

노란색(YELLOW) + 빨간색(RED)

대인관계가 좋은 노란색과 열정과 활동력, 표현력이 뛰어난 빨간색은 조화로운 조합이다. 은근한 고집과 끈기, 사람들과의 관계에 적극적인 유형의 노란색과 감정 표현이 적극적이고 활동적이면서도 마음 깊은 속에는 외로움이 함께하는 빨간색의 만남은 겉으로 보기에는 소통과 대화가 잘 이루어지는 듯 보인다. 다만, 각자 활동영역이 넓으므로 서로 간의 배려가 조금 더 따르지 않으면 화합되지 못하고, 자기가 하고 싶은 일이나 만나고 싶은 사람들에 몰입하여 각자 허전함을 느끼게 된다.

노란색(YELLOW) + 주황색(ORANGE)

활발하고 명랑하고 긍정적인 노란색이 주황색과 만났다. 따뜻하고 이해심이 깊고 원기왕성한 주황색이 힘을 더하는 조합이다. 붙임성 있고 명랑하고 밝은 노란색과, 늘 유쾌하며 사회성이 뛰어나고 대인관계가 좋은 주황의 만남은 조화롭다. 다만, 둘 다 관심을 받기를 원한다. 은근한 고집이 있어 이기적이고 경박스러운 모습이 노출될 수도 있다. 자신의 감정을 모두 드러내지 않고 상대의 감정을 헤아리는 연습을 하면 아주 좋은 파트너가 될 수 있다.

노란색(YELLOW) + 초록색(GREEN)

노란색은 명랑하다. 거기에 부드럽고 따뜻한 마음이 가득하다. 겸손하고 사려 깊은 초록색과의 만남은 좋은 조합이다. 노란색과 초록색이 만나면 신중하면서 건전하다. 적극적이며 명랑한 노란색과 인간미가 넘치고 이타심이 강한 초록색의 만남은 지극히 좋다. 모든 일에는 반드시 반향이 있는 법이다. 두 개의 색이 합해지면, 노란색의 성향은 적어져 대인관계가 위축될 수 있다. 오히려 드러내지 못하는 마음이 자라나 냉정함과 질투심이 확장될 수 있다.

노란색(YELLOW) + 파란색(BLUE)

노란색은 늘 밝고 명랑한 미소로 상대방에게 친근감을 준다. 한편 파란색은 자비롭고 헌신적이다. 의리가 있으며 감정조절 능력도 뛰어나다. 이 두 조합의 만남은 이상적이다. 둘이 만나면 노란색은 분위기를 쾌활하게 만들고, 파란색은 독창적인 사고를 통해 시시각각 재미있는 이벤트를 생각해내어 흥미진진하다. 파란색은 자연의 색으로 안정감이 있으며 여유롭고 차분하다. 감정 조절능력이 뛰어나고 평화로운 에너지가 강하다. 특히 인본주의적인 관심이 큰 색깔이다.

노란색(YELLOW) + 보라색(VIOLET)

밝고 자유롭고 고집과 야망이 있는 노란색과 섬세하고 신비롭고 다재다능하며 감수성이 발달한 보라색이 만나면 어떨까. 노란색은 우호적이며 지혜롭다. 보라색은 빨간색과 파란색이 혼합된 색으로, 감정을 마음껏 발산하고 표출하는 빨간색과 감정을 자제하고 조절하는 파란색의 이중성을 가지고 있다. 열정과 이성 사이에서 적당한 공간을 찾으면 딱 맞는다.

노란색(YELLOW) + 흰색(WHITE)

봄날을 상징하는 색은 노란색이다. 흰색은 순수하고 깔끔하다. 한겨울, 눈 덮인 대지가 봄날에 이르면 눈 녹듯 풍경이 살아나고 화사한 꽃이 피어난다. 밝고 명랑하며 적극적인 남자와 계획적이고 깔끔하고 자기 절제능력이 뛰어난 여자의 만남은 서로의 단점을 보완해준다. 다만, 흰색 입장에서 살펴보면 노랑은 다소 방만하고 자기 절제가 부족해 보인다. 반대로 노란색의 입장에서는 너무 깐깐하고 고집스러운 흰색 때문에 답답함을 느낄 수 있다.

노란색(YELLOW) + 검은색(BLACK)

재기발랄하고 낙천적이며 유머감각이 뛰어난 색이 노란색이다. 진지하고 생각이 많지만, 실천력이 떨어지고 지나치게 신중한 검은색과의 만남은 어떨까. 고집스러우면서도 활발한 관계를 이끌어가는 노란색의 성향과, 생각이 많고 아이디어와 창의성이 뛰어난 검은색의 만남은 순탄하다. 다만 노란색은 겉으로는 활발하게 표현하지만, 내면 깊숙한 속마음은 쉽게 드러내지 않는다. 이에 비해 검은색은 조용하고 얌전하다. 조용한 호수의 표면과도 같다. 처음에는 순탄한 듯 보이지만, 서로의 감정이 표출되기 시작하면 갈등이 생길 수 있다. 예기치 못한 사건 사고가 나타나기도 한다.

초록색 GREEN

초록색(GREEN) + 초록색(GREEN)

배려심이 많아 무척 이타적인 색이 초록색이다. 지극히 인간적이며 평화주의자이다. 창조와 치유에 관한 마음이 큰 색상이다. 초록색은 스스로 내면을 돌보는 자제력이 뛰어나다. 수없는 자기 반성을 통해 새롭게 변해가는 능력이 있다. 자신의 감정을 쉽게 표현하지 않으며, 때로는 엄격하고 때로는 한없이 부드러운 성품을 가지고 있는 색이다. 자존감이 강하고 상대를 너무 많이 배려하다 보니 스스로 스트레스를 안고 가기도 한다. 참을성도 있고 자기 절제능력도 있으며 친절하다. 끊임없이 남들을 도와주려고 하고 상상력도 풍부하다. 아이디어도 획기적이다. 초록색과 초록색의 만남은 서로의 배려가 넘쳐 행복하면서도 서로의 마음을 쉽게 열지 못하는 단점도 안고 있다.

초록색(GREEN) + 빨간색(RED)

열정적이고 활동적인 에너지를 지닌 초록색이다. 청명하면서도 시원시원함이 넘치는 색이다. 열정적 에너지의 화신인 빨간색과 만나면 어떨까. 빨간색의 남자와 배려가 많고 따뜻한 초록색의 여자가 만나면 소통이 잘 되고 대화가 매끄럽게 이어지는 환상의 조합이다. 다만 빨간색의 남자가 자기 감정을 너무 쉽게 드러내서 초록색의 여자가 상처를 받게 되고 토라지는 상황이 반복되게 된다.

초록색(GREEN) + 주황색(ORANGE)

태양의 열정과 강렬함, 담대함과 따뜻함이 담긴 주황색이다. 자연, 봄, 젊음, 균형, 배려, 생명, 환경의 색인 초록색과 주황색이 만나면 이색적이면서 다른 듯 조화롭다. 자연의 열정과 강렬함은 추진력이 된다. 거기에 자연의 순수하고 새롭게 시작하는 젊음의 초록색은 창의적이다. 열정과 창의가 합치면 좋은 결과물을 만들어낸다. 둘 다 자연에 대한 동경, 자연에 대한 순화가 함께하는 순수성, 자연성을 품고 있어 다툼이 있어도 비 온 뒤 땅이 굳어지듯 무난하게 정리된다.

초록색(GREEN) + 노란색(YELLOW)

명랑하고 쾌활하다. 희망적이고 부드러우며 따뜻한 노란색이 초록색을 만났다. 배려심이 많고 겸손하며 사려 깊게 행동하는 초록색은 노란색이 반갑다. 노란색과 초록색의 만남은 적당하며 신중하게 행동한다. 대인관계가 원만하고 희망적인 긍정의 컬러인 노란색과 겸손하고 배려하며 인간애가 강한 초록색의 만남은 평온하다. 반면 노란색과 초록색이 만나면서 발생하는 문제는 대인관계다. 서로의 마음을 무조건 이해하다 보면 냉정함을 통해 질투심이 생겨날 수 있다.

초록색(GREEN) + 파란색(BLUE)

초록색과 파란색은 안정적인 색이다. 자신의 감정을 쉽게 드러내지 않는다. 무엇보다 자기의 감정을 잘 조절하고 모든 면에서 사려가 깊다. 초록색은 둥글둥글한 모습으로 평온한 세상과 자유로운 세상을 꿈꾼다. 여기에 자비롭고 이지적이고 이상적인 인본을 꿈꾸는 파란색과의 만남은 오히려 밋밋할 수 있다. 늘 햇살만 가득한 세상은 가뭄이 오는 법이다. 타인에 대한 한없는 자비와 사랑, 타인을 돕고자 하는 이타심, 신중하게 생각하고 타인을 배려하는 행동, 창의성과 창조성 등 초록색과 파란색은 작은 차이만 존재할 뿐 거의 비슷하다. 자연의 색으로 하늘과 땅, 산과 들과 바다, 강에서 만날 수 있는 색이다. 광고에 함께 사용하기에 어려운 조합이기도 하다.

초록색(GREEN) + 보라색(VIOLET)

새로운 시작을 알리는 성장의 색이 초록색이다. 상대를 인정하고 배려하며 평화와 화목함을 깨지 않으면서 자유로움을 얻으려는 색상이다. 이런 초록색과 만나는 색은 보라색이다. 신비롭고 기이하며 감정의 색채가 다양하고 다채로우며 특별한 상상력이 가득하여 색의 별종으로 불리는 색이 보라이다. 따뜻한 마음, 친절한 마음, 배려의 마음과 더불어 상대를 성장시키고 싶은 멘토의 마음을 가지고 있는 초록색이 보라의 특별하고 신묘한 기질과 재능을 살려줄 수 있다면 환상적인 조합이 될 수 있다. 다만, 너무 강력한 변화와 너무 복잡다단한 특별함이 존재하는 보라색인 까닭에 주변 사람의 시선을 의식하는 초록색의 입장에서는 다소 부담을 느끼기도 한다.

초록색(GREEN) + 흰색(WHITE)

초록색은 친절하고 자상하다. 따뜻한 심성으로 타인의 어려움을 지나치지 못하는 성격이다. 자신의 감정을 조절하고 온순하면서 성숙한 인품이 녹아 있는 색이 초록색이다. 여기에 자기중심적이고 완벽주의자를 추구하는 흰색과의 만남은 어떨까. 서로의 단점을 보완해주는 관계라기보다 서로를 답답하게 생각하여 상처를 주는 경우가 많은 만남이다.

초록색(GREEN) + 검은색(BLACK)

초록색은 긍정의 색이다. 희망을 잃지 않고 세상을 바라본다. 서로 도와가면서 살아가는 이상을 꿈꾸며 행복한 삶을 꿈꾸는 초록색이 검은색을 만났다. 검은색은 생각이 많다. 순간적으로 떠오르는 아이디어가 뛰어나고 창의력이 다양하며 수리적 능력이 특별하다. 최대한 자유롭게 성장할 수 있도록 간섭하지 않고 지켜봐주는 초록색은 검은색을 인내한다. 생각이 많으며 걱정이 많고 안전에 대한 두려움이 강한 검은색은 초록색이 편안한 상대임을 인정한다. 하지만 초록색이 확실하게 표현하지 않고 우유부단한 느낌을 준다고 생각한다.

파 란 색 BLUE

파란색(BLUE) + 파란색(BLUE)

바다는 푸르다. 바라보기만 해도 마음이 편안해진다. 파란색은 자비로운 어머니의 품과 같다. 조건 없는 사랑을 주는 헌신성을 품고 있다. 평화와 안정을 추구하고 직관력이 뛰어나다. 지혜로운 사고와 행동으로 이상적인 삶과 세상을 꿈꾸는 색상이 파란색이다. 통찰력이 뛰어나고 이타심을 가지고 타인을 돕기도 한다. 자유로운 삶을 추구하는 인본주의자, 성직자 같은 따뜻함의 멘토 기질이 함께하는 색상이다.

파란색(BLUE) + 빨간색(RED)

열정과 모험의 색이 빨간색이다. 파란색은 상대방에 대한 배려가 많고, 사랑이 풍부한 색이다. 두 색 모두 생기가 넘치는 색상이다. 빨간색은 자신의 감정을 감추지 않고 드러내고 표현한다. 반면 파란색은 타인에 대한 배려와 사랑으로 자신의 감정을 쉽게 드러내지 않는다. 이 두 색의 조합은 환상의 궁합이다. 다만 빨간색이 자신의 감정과 생각을 조금 줄여가고 파란색이 지나치게 타인에 대한 감정과 배려에 온힘을 쏟지 않고 파트너에게 적극적으로 자신의 사랑을 표현할 수 있다면, 이보다 더 좋은 궁합은 드물다.

파란색(BLUE) + 주황색(ORANGE)

정열과 열정, 자연처럼 투명하고 자연스러운 담대한 색이 주황색이다. 깊고 짙은, 신비로운 바다의 색이 파란색이다. 파란색과 주황색의 만남은 정열의 자연과 신비로운 자연이 만나는 풍경이다. 그대로의 자연과 자연의 만남이다. 순수성만 잘 간직한다면 서로 간의 관계에 소통과 사랑이 넘쳐나는 궁합이다.

파란색(BLUE) + 노란색(YELLOW)

언제나 밝고 명랑하다. 명쾌하고 발랄하고 희망적인 노란색은 주변과도 잘 어울린다. 이런 노란색이 파란색을 만나면 어떨까. 배려 깊고 이타심이 많으며 인간중심적인 파란색과 만나면 어떨까. 노란색은 분위기를 띄운다. 명랑하고 유쾌하며 독창적인 사고력을 가지고 있으며 색다른 아이디어가 뛰어난 색상이다. 반면 파란색은 자연의 색이다. 안정감이 있으며 여유롭고 차분하다. 감정 조절이 뛰어나고 평화로운 에너지가 강하다. 헌신적이고 정직하니 노란색과 만나면 이상적인 조합이 될 것이다.

파란색(BLUE) + 초록색(GREEN)

균형감과 조화로움이 뛰어난 색이 초록색이다. 여기에 헌신적이며 이상적인 인간세상을 꿈꾸는 파란색과 만나면 어떨까. 자유세상을 꿈꾸는 색의 조합이다. 타인에 대한 한없는 자비와 사랑, 타인을 돕고자 하는 이타심, 신중하게 생각하고 타인을 배려하는 행동, 창의성과 창조성을 동시에 지닌 초록색과 파란색은 가족애가 강하다.

파란색(BLUE) + 보라색(VIOLET)

고요하고 깊은 바다 위로 신비한 보라색 물안개가 피어오른다. 사색의 폭이 넓고 광활한 파란색과 창의적이며 직관력이 뛰어난, 독특한 자기만의 세계에 빠져드는 보라색의 조합이다. 타인의 성장을 즐겨 돕는 이타심이 강한 파랑, 그리고 자신만의 특별한 재능을 가지고 있어 사람들에게 주목을 받는 보라색의 만남은 서로 조화를 이룰 수 있다.

파란색(BLUE) + 흰색(WHITE)

직관력이 뛰어나고 헌신적이다. 따뜻하고 부드러운 감정과 표현으로 꾸준하게 성장해나가는 파란색과, 언행일치가 분명하며 정확한 계획성을 갖고 미래를 분석하는 흰색의 만남은 어떨까. 자유로운 생각과 사고, 헌신적이고 배려가 많은 인품의 소유자인 파란색과 계획적이고 구조적인 흰색의 조합은 조금은 어긋난다. 인간중심형인 파란색과 일중심형인 흰색의 만남은 한편으로 어울릴 것 같다. 하지만 결국 근본적으로 생각의 차이를 지닌 이 둘의 만남은 서로 스트레스가 쌓여 상처를 받는 궁합이다.

파란색(BLUE) + 검은색(BLACK)

파란색은 긍정적이지만, 검은색은 다소 부정적이다. 파란색은 스스로 감정을 조절할 수 있는 평정심을 지녔다. 반면 검은색은 두려움과 걱정이 혼재되어 있지만, 억제하는 능력도 지녔다. 어떻게 보면 잘 어울리지 못한 조합이지만 의외로 조화롭게 헤쳐가는 타입이다. 스스로 성장하는 것을 권장하며 자유를 추구하는 파랑과, 누군가가 자신을 이끌어주면 든든한 버팀목이 되어주길 바라는 검은색은 장단점이 동시에 존재하는 조합이다.

보 라 색 VIOLET

보라색(VIOLET) + 보라색(VIOLET)

매혹적이고 고혹적인 보라색이 보라색을 만나면 무엇이 탄생할까. 신비롭고 기이한 재능이 빛난다. 예술성과 천재성, 특이성이 존재하는 색깔이다. 이 둘의 만남은 섬세함과 섬세함, 고혹적인 매력과 고혹적인 매력의 만남,

특별하고 특이함의 만남이라 자기 감정을 자제하거나 어느 순간 독특한 방법으로 자신을 드러내기도 한다. 따뜻함과 차가움이 동시에 존재하고 불안함과 안정감이 공존하는 색이다. 자신만의 세계와 자신만의 특별한 영감을 가지고 살아가는 타입이다. 요가, 귀농, 음악, 화가 등 자신만의 생각을 실천해 나가는 개성 있는 타입이다.

보라색(VIOLET) + 빨간색(RED)

열정과 모험의 색과 감성적이고 특별함이 존재하는 색의 특별한 만남이다. 행동과 매끄러운 화술로 자신의 감정을 여지없이 드러내는 빨간색과, 감수성과 패션코드로 자신의 감정을 드러내는 보라색의 만남은 강력한 에너지가 충돌한다. 서로를 자극하면서 부족함을 보완해가는 작용이 아름답다. 다만, 서로를 공격하고 상처주는 상황도 발생할 수 있는 색의 조합이다. 상대의 감정과 생각을 존중해주는 습관을 기르는 것이 두 사람의 관계를 긍정적으로 변화시키는 지름길임을 명심해야 한다.

보라색(VIOLET) + 주황색(ORANGE)

주황색은 활기차고 담대한 에너지를 지닌 색이다. 초가을 햇살을 닮은 색상이며 자연의 따뜻하고 편안함이 가득한 색상이다. 반면 보라색은 부드러움과 가여움과 죽음이 꿈틀댄다. 기쁨과 슬픔이 함께 공존하는 색이다. 주황색의 활기참과 담대함, 그리고 감정의 기복과 변화가 심한 보라색의 만남은 서로 전혀 어울리지 않을 듯하면서도 조화를 이루어간다. 주황색 입장에서는 보라색의 감정기복이 호기심의 발동과 색다른 모험심으로, 보라색 입장에서는 주황색의 활기차고 열정적인 모습이 보라색의 우울함과 복잡한 감정에 안정감을 주는 역할을 하게 된다.

보라색(VIOLET) + 노란색(YELLOW)

밝고 자유로우며 고집과 야망이 있는 노란색이 섬세하고 신비로우며 다재다능한 보라색과 만나면 어떨까. 특히 감수성이 풍부해 애정에 대한 욕구가 강한 보라색이 노란색을 만나면 흥미롭다. 노란색은 우호적이며 따뜻하다. 그러면서도 내면에는 야망이 있고 끈기와 고집이 센 색채이다. 보라색은 빨간색과 파란색이 혼합된 색으로, 감정을 발산하고 표출하는 빨간색과 감정을 자제하고 조절하는 파란색의 이중성을 내포하고 있다. 다소 직관적이며 감각적이다. 아주 잠시 외향적이며 내향적이다. 고상하면서 치밀하고 따뜻함과 차가움, 열정과 이성의 양면적 기질을 갖고 있다. 노란색이 남성, 보라색이 여성일 경우 조화롭다.

보라색(VIOLET) + 초록색(GREEN)

초록색은 성장의 색이다. 봄을 연상하면 자연스럽게 떠오르는 색이 초록색이다. 초록색은 늘 싱그럽지 않은가. 초록색은 평화와 화목함을 유지하면서 자유로움을 지닌 색이다. 반면 보라색은 기이하며 감정의 색채가 다양하다. 무척 다채로우며 특별한 상상력으로 주위를 놀라게 하기도 한다. 친절하면서 배려가 깃든 마음으로 상대를 성장시키는 역할을 한다. 보라색의 특별하고 신묘한 기질과 재능을 살려줄 수 있다면 환상적인 조합이다. 다만, 보라색은 너무 강력한 변화와 복잡한 특별함이 존재하는 까닭에 초록색은 조금 부담을 느낄 수 있는 궁합이기도 하다.

보라색(VIOLET) + 파란색(BLUE)

파란색은 고요하고 사색의 폭이 깊고 넓어 광활하다. 자신의 감정을 억제하고 심리적 안정감을 유지하면서 주변 사람들과 함께 조화를 이룰 줄 아는 색이다. 창의적인 사고와 직관력이 뛰어난 섬세함, 그리고 신비롭고 독특한 자기만의 세계에 빠져드는 보라색과의 만남은 특별하다. 배려가 많고 이타심이 강한 파란색은 보라색의 특별한 재능을 인정해주고 키워준다면 서로 조화로운 만남이다.

보라색(VIOLET) + 흰색(WHITE)

보라색은 지능이 뛰어나고 재주와 재능이 독특하다. 단순하지 않고 복잡하지만, 응용력이 뛰어난 보라색은 예술적 기질이 다분하다. 구조적이며 반듯한 계획성이 철저한 흰색과의 조합은 어떨까. 이성과 열정 사이를 수없이 왕래하며 불규칙한 감성 표출이 심한 보라색은 자신의 감정을 최대한 절제하면서 냉철한 흰색을 받아들이기 어렵고, 또 흰색은 보라색의 특별함을 받아들이기가 쉽지 않다. 생각의 틀에 들어오지 않는 보라색의 자유분방함을 이해하지 못한다.

보라색(VIOLET) + 검은색(BLACK)

보라색은 끊임없이 새로운 변화를 꿈꾸며, 꿈과 영감을 가지고 혼돈 속에서 우울과 환희를 반복한다. 예술적 기질이 있어 일상에서도 평범하지 않은 아이디어로 진화하는 능력이 탁월하다. 반면 생각이 많고 아이디어가 다양하며 창의력이 뛰어난 기질을 담고 있는 색상은 검은색이다. 보라색의 신비롭고 특이한 모험심에 검은색의 안정은 은근한 조화를 이룬다. 보라색은 꾸준하게 변화와 혼돈을 즐기는가 하면, 검은색은 재미있고 흥미롭게 안정감을 추구하며 균형을 이루기도 한다. 하지만 내면에 동시에 존재하는 근본적인 우울, 슬픔 같은 감정들은 서로 충돌할 수 있다. 서로 오랫동안 조화롭게 끌고 가기에는 간격이 존재하는 궁합이다.

흰색 WHITE

흰색(WHITE) + 흰색(WHITE)

자기 통제와 절제를 통해서 기품 있고 고귀한 모습을 보여주는 색이 바로 흰색이다. 주변에 결코 자신의 흐트러진 모습을 보이지 않을 정도로 깔끔하다. 고집이 세고 하고자 하는 일을 반드시 처리하고야 마는 완벽한 성품이다. 흰색과 흰색이 만나면 우선 빈틈이 없다. 일상생활이나 사회생활에서도 주위의 모범이 된다. 하지만 한 번 어긋나면 서로 화해가 힘들 정도로 완고한 기질을 지녔다. 과거를 되새기며 현재를 존중하는 타입이지만, 한 번 아니라고 판단하면 획기적인 변화를 주기도 한다. 내성적이며 고집이 세다. 폐쇄적이지만 공정하며 주관이 뚜렷한 색채이다.

흰색(WHITE) + 빨간색(RED)

생각과 감정을 마음에 담아두지 않고 밖으로 표현해야 직성이 풀리는 색이 빨간색이다. 그만큼 열정적이다. 좀처럼 자신의 감정을 드러내지 않고 다분히 계획적인 흰색과 빨간색의 만남은 어떨까. 빨간색은 분명 자신의 감정과 생각을 신중하게 생각하지 않고 즉흥적으로 드러낸다. 반면 흰색은 자신의 감정과 생각을 계획하고 구조화시켜 완벽하게 분석하는 타입이다. 빨간색은 주로 강하게 밀어붙이는 타입이고, 흰색은 이를 비판하는 타입이다. 빨간색은 뒤끝이 없이 금방 풀어버리지만, 흰색은 해결할 때까지 마음을 닫고 모든 것이 해소되었을 때 마음을 연다. 빨간색의 남성, 하양의 여성일 때 티격태격 조화를 이룬다.

흰색(WHITE) + 주황색(ORANGE)

주황색은 활기차고 여유로우며 자유로운 성향의 색이다. 반면 흰색은 절대성과 극단성을 지니고 있다. 엄격하면서도 완벽을 꿈꾸며, 결벽증과 무관심한 성향을 동시에 지니고 있다. 주황색과 흰색의 만남은 활기차고 자유로운 기질과 엄격하고 완벽한 성향의 만남이기에 서로 대치되는 느낌이 강하다. 주황색은 자기 표현이 왕성하고, 흰색은 자기 감정을 억제하고 절제한다. 서로의 단점을 보강하고 장점을 살려주는 특징이 있지만, 열정과 자유로움을 추구하는 주황색은 보이지 않는 울타리를 치고 생각하고 행동하는 흰색이 답답하다. 반면 흰색은 주황색의 대책 없는 열정과 자유로움이 불안하기만 하다.

흰색(WHITE) + 노란색(YELLOW)

노란색은 나비처럼 가볍고 부드럽다. 흰색은 순수하고 깔끔하며 매사가 반듯하다. 유쾌하고 적극적인 노란색의 남자와 계획적이고 깔끔하고 자기 절제능력이 뛰어난 흰색 여자의 만남은 서로 조화롭다. 관리능력이 부족한 남자의 단점을 여자가 빈틈없이 관리해주고 계획해준다. 다만, 흰색의 여성은 노란색의 남자가 낭만적이지만, 시간이 갈수록 방만해 보인다. 노란색의 남성은 자유분방한 자신에 비해 너무 간섭이 많고 깐깐한 흰색의 여성을 답답하게 느낄 수 있다.

흰색(WHITE) + 초록색(GREEN)

초록색은 친절하고 자상하다. 따뜻한 심성으로 타인을 돌보고 성장시키는데 앞장서며 자신의 감정을 온유하게 조절할 수 있는 성숙미가 있는 색이 초록색이다. 자신의 틀을 만들어 놓고 완벽을 꿈꾸는 흰색이 초록색을 만나면 어떨까. 자유를 추구하면서 새로운 변화를 추구하는 초록색은 흰색을 감싸고 이끌어간다. 하지만 불확실한 미래보다 눈에 보이는 현재를 고집하고 지키려고 하는 흰색은 초록색의 자유로움이 달갑지 않다. 서로 단점을 보완하는 관계이면서도 코드가 달라 서로를 답답하게 생각하고 상처를 주기도 하는 조합이다.

흰색(WHITE) + 파란색(BLUE)

직관력이 뛰어나고 헌신적이며 배려가 많은 파란색이다. 따뜻하고 부드러운 감정과 표현으로 꾸준하게 성장해 나가는 색이다. 자기 중심이 뚜렷하고 확고한 흰색이 파란색을 만나면 어떨까. 계획적이고 구조화되어 있는 흰색은 성향상 정반대다. 모든 것이 구체적이어야 하는 흰색은 몽환적이기도 한 파란색과 엇박자를 낸다. 사람 중심인 파란색과 일 중심인 흰색은 서로의 단점을 보강하는 균형을 잡아주기도 하지만, 시간이 갈수록 조금씩 틈이 벌어진다.

흰색(WHITE) + 보라색(VIOLET)

지능이 뛰어나고 재주와 재능이 독특한 보라색이 고집 세고 완벽주의를 추구하는 흰색을 만나면 어떨까. 감정기복이 심하고 변화가 다채로운 보라색을 흰색은 감당하지 못한다. 타인에 대한 비판정신이 확고하며 계획이나 구조화되어 있지 않은 상태를 용서하지 않는 흰색은 보라색을 받아들이기 쉽지 않다. 절대 하나가 될 수 없는 차이가 존재하는 색상의 조합이다.

흰색(WHITE) + 검은색(BLACK)

자기 절제능력이 뛰어나고 계획적이며 구조적인 흰색이 생각 많고 창의력이 뛰어난 검정을 만나면 어떤 결과를 가져올까. 흰색은 깔끔하고 깨끗하다. 그러면서 순수하고 우직하게 구조화시킨 다음, 계획을 실행해 나가는 흰색이다. 반면 검은색은 생각이 많고 복잡한 생각과 아이디어를 가지고 있으면서 다양한 방법으로 접근하는 타입이다. 모든 일을 처음부터 차근차근 단계를 밟아가는 흰색은, 복잡하고 다양한 상상력과 아이디어를 가지고 움직이는 검은색과 조화를 이루면 큰일을 해낼 수 있다. 검은색과 흰색은 내향적이라는 공통분모가 있지만, 일을 진행시키고 이끌어가는 방법은 전혀 다른 타입이다.

검은색 BLACK

검은색(BLACK) + 검은색(BLACK)

검은색은 겸손과 억제, 의존과 집착 등이 있다. 생각이 많고 창의성이 뛰어나며 아이디어가 다양하다. 작가적 창의성, 예술적 감수성, 음악적 재능 등 다양한 재능이 존재하는 색상이다. 매우 신중하고 겸손하며 진중하면서 꿈과 야망 그리고 상상력이 풍부하다. 그러나 계획은 많지만 쉽게 도전하지 못하고 생각에 머무르는 경우가 많다. 책상 앞에서 상상력과 아이디어로 작업하는 예술가가 어울린다. 작곡, 작사, 시나리오, 소설 등의 작가에 매우 적합한 색상이다. 검은색과 검은색이 만나면 서로 자신의 감정을 잘 드러내지 않는다. 깊이 감추고 있다 문제가 발생했을 때 해결할 능력이 부족하다. 검은색과 검은색은 대화를 나누고 있지만, 서로의 솔직한 감정 교류가 이루어지지 않는다. 서로 어울리는 궁합은 아니다.

검은색(BLACK) + 빨간색(RED)

자신의 감정을 있는 그대로 겉으로 표현하는 빨간색과 자신의 감정을 속으로 저장하는 검은색의 만남은 살얼음판을 걷는 것과 같다. 남자인 빨간색은 자신의 의사 표현을 적극적으로 한다. 반면 여자 검은색은 참고 인내하는 타입으로 서로 무난하게 보이지만, 속으로는 스트레스가 쌓여간다. 빨간색의 남자는 속을 알 수 없는 검은색 여성이 답답하다. 또 검은색 여성의 입장에서는 지나치게 거침없는 빨간색의 남자가 제멋대로라는 느낌을 받는다. 서로 솔직한 대화가 필요한 타입이다.

검은색(BLACK) + 주황색(ORANGE)

주황색은 활기차고 열정이 넘친다. 그러면서 개방적이고 솔직한 성향의 색깔이다. 반면 검은색은 밤, 어두움, 죽음, 슬픔, 우울을 상징한다. 끝도 없는 깜깜한 동굴이나 심해처럼 검은색의 생각은 알 수 없다. 어떤 생각을 하고 있는지 분석하기 어려운 타입이다. 자기의 생각을 솔직하게 드러내고 표현하기를 좋아하는 색상인 주황색과 자신을 드러내는 것이 어색하고 조심스러운 검은색이 만나면 많은 이해가 필요하다. 주로 남성이 주황색이고 여성이 검은색일 때 조화를 이룰 수 있다.

검은색(BLACK) + 노란색(YELLOW)

재기발랄하고 낙천적이며 유머감각이 뛰어난 노란색과 진지하고 생각이 많은 검은색의 만남은 어떨까. 노란색은 은근한 끈기와 고집, 발랄하고 활발한 관계를 만들어간다. 반면 검은색은 아이디어와 창의성이 뛰어나다. 주변 사람들에 대하여 경계하거나 의존하는 타입이다. 둘의 만남은 의외로 어울리지 않는다. 노란색이 활발하게 표현하는 반면, 검은색을 만나면 자기의 감정은 쉽게 드러내지 못한다. 이에 검은색은 조용하고 얌전하게 받아들이는 것 같지만, 실은 내면으로 불만이 쌓이게 된다. 어느 한쪽도 풀려고 하지 않는 성향이 강하다. 내면의 감정이 어느 순간 밖으로 노출되는 순간, 엄청난 갈등과 사건, 사고가 터지기도 한다.

검은색(BLACK) + 초록색(GREEN)

초록색은 이상을 꿈꾸고 온화한 삶을 꿈꾼다. 반면 검은색은 생각이 많고 아이디어가 반짝이며 창의력이 다양하다. 자유로운 생각을 지닌 초록색은 검은색이 가지고 있는 창의성을 간섭하지 않고 최대한 키워주려고 노력한다. 반면 내면에 두려움이 많은 검은색은 상대(초록색)가 편안하게 자신을 대해주는 것을 인정하면서도 보다 확실하게 표현해주기를 원한다. 초록색의 배려는 검은색 파트너에게는 오히려 우유부단한 성격이 아닐까 하는 느낌을 준다.

검은색(BLACK) + 파란색(BLUE)

파란색은 긍정적이고 밝은 성격이다. 자기의 감정조절 능력도 뛰어나다. 그런 까닭에 감정기복이 심하고 주변 환경에 대한 두려움과 근심이 많은 검정과의 만남은 부조화의 조화다. 남을 배려하는 마음이 가득하니 생각이 많고 복잡한 검은색의 근심을 감싸 안는다. 자신의 창의성을 발휘할 수 있도록 기다려주고 지원할 수 있는 색은 파란색이다. 누군가가 자신을 이끌어주면 든든한 버팀목이 되어주길 바라는 검은색은 파란색의 존재가 무조건 반가울 것이다.

검은색(BLACK) + 보라색(VIOLET)

검은색과 보라색의 만남은 특별하다. 불안하기도 하지만, 잘 조화를 이루면 커다란 성공이 보인다. 새로운 변화와 뛰어난 영감을 가지고 현실과 환상 사이에서 번민하고 갈등할 때, 검은색의 감각적이고 예술적인 안목은 길잡이가 되어줄 것이다. 보라색은 신비롭고 특이한 모험심으로 가득하다. 검은색의 안정감은 서로에게 커다란 용기와 활력을 불어넣어 준다. 하지만 둘 사이에 흐르는 깊은 우울과 슬픔은 때로 그들을 걱정 속으로 몰고 간다. 그 걱정을 이겨낼 만큼 강한 사랑이 존재한다면, 걱정 끝에 커다란 기쁨이 다가올 수 있을 것이다.

검은색(BLACK) + 흰색(WHITE)

뛰어난 상상력을 소유하고 있으며 감성이 풍부한 성향을 지닌 색은 검은색이다. 한편 매사에 깔끔하여 완벽을 추구하는 흰색과의 조합은 조화롭다. 흰색은 깔끔하고 순수하다. 매사에 정직하며 계획을 구체적으로 진행시킬 수 있는 능력이 있다. 검은색의 창의력은 아쉽게도 실천에 약한 편이다. 그런 이유로 생각은 많지만, 이뤄내는 일은 별로 없다. 그런 단점을 채워주는 역할을 흰색의 성향으로 채워준다면 멋진 결과물을 얻어낼 수 있다. 그것이 사업의 성공이든, 사랑의 완성이든.

재미있는
읽을거리

블루 발렌타인 (Blue Valentine)

데릭 시엔프랜스(Derek Cianfrance) 감독, 라이언 고슬링(Ryan Gosling)·미셸 윌리엄스(Michelle Williams) 주연의 로맨스 영화. 결혼 6년차 부부의 이야기로 현재와 과거 그들의 연애시절과 결혼하기까지의 이야기를 교차해서 보여준다. 등장인물은 딘(라이언 고슬링), 신디(미셸 윌리엄스), (그들의 딸) 프랭키.

영원한 사랑을 꿈꾸는 대학생 신디. 그녀는 어느 날 할머니가 입원한 병원에서 이삿짐센터 직원 딘을 처음 만난다. 딘은 신디를 보고 첫눈에 반해서 운명 같은 사랑을 느끼고 신디에게 연락처를 건넨다. 딘에게 사랑은 놓치면 후회할 것 같은 사람을 만나 평생을 함께하는 것이었다. 그런 그에게 신디가 운명처럼 나타난 것이다.

사실 두 사람은 하나부터 열까지 맞는 구석이라곤 없었다. 중산층 가정에서 사랑받고 자란 촉망 받는 의대생 신디와는 달리 딘은 고등학교도 졸업하지 못한 채 일용직으로 살아왔다. 그러나 뜨거운 사랑에 빠진 두 사람에게 현실이 보일 리 만무했다. 모든 연인이 처음 사랑을 시작할 때처럼 말이다. 딘은 그녀에게 안식처와 같은 남자가 되기로 마음을 먹는다. 그리고 신디는 자신의 모든 것을 받아주는 딘에게 사랑을 느껴서 결혼을 선택한다.

하지만 시간이 흐르면서 두 사람은 현실적인 문제들로 점점 지쳐간다. 간호사로 일하며 생계를 책임지는 신디는 하루하루가 피곤함의 연속이었고

262

여전히 일용직을 전전하는 딘은 일상이 무료했다. 둘의 대화는 다툼으로 끝나기 일쑤였다. 딘은 점점 지쳐가는 신디를 보며 사랑을 되찾을 방법을 고민한다. 독립기념일인 11월 4일 많은 사람이 폭죽을 터뜨리며 즐기는 가운데 결국 신디와 헤어지는 딘의 뒷모습을 보여주며 영화는 끝이 난다.

영화 제목은 〈블루 발렌타인〉이지만 발렌타인데이가 등장하지는 않으며 해피엔딩으로 끝나지도 않는다. 「블루」는 우울한 파란색을 상징하며, 영화에서 두 주인공이 입고 나오는 파란색 티셔츠로도 상징한다. 영화는 사랑의 시작과 끝, 그리고 인내와 포기를 보여주는 매우 사실적인 내용이지만, 화면은 뿌옇고 몽환적이다.

PART
3

라이더 웨이트 타로의
색채분석과 응용

라이더 웨이트 타로의 상징과 색채

이제까지 24장의 색채타로를 제각각 색에 따라 종합적으로 분석해보았다. 지금부터는 타로카드의 대표라고 할 수 있는 라이더 웨이트 타로를 색채와 상징만으로 읽고 상담에 활용하는 방법을 소개한다.

모든 타로카드에는 다양한 색채의 그림이 그려져 있다. 그 중에서도 라이더 웨이트 타로는 키워드와 숫자, 사람, 자연, 색채 등 다양한 방법으로 분석할 수 있는 종합타로라고 할 수 있다. 색채타로는 타로라는 큰 범주 안에 포함된다고 보면 된다. 단순히 색채만을 볼 것인가, 색채와 다른 요소들도 볼 것인가의 차이가 있을 뿐, 카드의 이미지를 통해 인간의 심리를 파악하는 것은 라이더 웨이트 타로나 색채타로나 동일하다.

라이더 웨이트 타로는 메이저 카드 22장과 마이너 카드 56장, 총 78장으로 이루어져 있다. 여기에서는 메이저 카드 위주로 각각의 카드에 등장하는 인물과 사물, 그리고 그들의 색채가 지닌 상징과 의미를 설명한다. 메이저 카드에는 숫자가 매겨져 있는데 1부터 22까지가 아니라 0부터 21까지이다. 즉 첫 번째 카드가 0에서부터 시작한다.

0_ 바보(The Fool)

나그네 자유, 여행, 시작, 변화.

초록색 월계수잎 모자 성공, 행운.

모자의 붉은 깃털 능력, 열정, 행동, 자유, 여행, 바람, 움직임.

흰 장미 순수, 순결, 순진함, 욕망이나 열정으로부터 벗어남, 로젠크로이츠(Rosencreutzs, 장미십자단 창설자)의 여행, 자유로움.

하얗게 빛나는 태양 신의 은총, 행운, 성공, 열정, 욕망, 순수, 순진, 시작.

갈색 절벽 미지의 세계, 새로운 세계, 알지 못하는 미래, 부정적 상황, 불리한 상황, 불안, 부정.

하얀 개 충성스런 신하, 도와주는 사람, 친구, 후견인.

춤추는 듯한 모습 기쁨, 충만, 행복, 여유.

노란색 장화 자유, 여행.

검은색 지팡이 모험, 창조, 역마, 남성적, 열정적, 거침없는.

붉은색 봇짐 감춰야 할 열정, 작지만 귀중한 재물, 감추어진 열정, 이해 못할 자유, 불규칙한 행동, 뜻밖의 행동.

파란색 거친 파도 불투명한 미래, 헤쳐나가야 할 미래, 복잡한 일.

다양한 색상의 옷 복잡한, 다양한, 혼란스러운, 바람둥이인, 자유분방한.

1_ 마법사(The Magician)

회색 뫼비우스의 띠 무한대, 영원, 신비로운 상징, 그리스도의 상징.

회색 뱀(우로보로스) 지혜, 지식, 현명함, 불변.

붉은 장미 육체적 욕망, 현실적 욕망, 열정적, 행동적.

초록색 장미덩굴 열정이 줄어듦, 생각이 뒤엉킴, 장미십자회.

흰 백합 순수함, 순결함, 성모 마리아.

붉은 가운 열정, 정열, 헌신적, 육체적 욕망.

사각 테이블 세상, 세계, 원리원칙적인.

네 가지 슈트 지팡이(불) · 컵(물) · 검(공기) · 동전
(흙). 능력의 소유, 세상을 살면서 겪는 일들.

높이 든 하얀 지팡이 정신적, 창조적인 힘, 자신감
있는, 적극적인.

하늘을 가리키는 손 천국의 은혜, 천상의 에너지,
천상의 은총, 희망 가득한.

땅을 가리키는 손 대지의 은혜, 대지의 증인.

노란색 배경 지식, 지성, 소통, 관계, 교감.

2_ 여사제(The High Priestess)

하얀 십자가 신과의 합일, 그리스도, 신성함.

흰색 토라(Tora) 모세 5경(창세기 · 출애굽기 · 레
위기 · 민수기 · 신명기), 위대한 신법, 비밀스러운
법률, 종교적 규율, 자연의 지혜와 법칙.

검은 기둥 보아즈(Boaz) 성전의 왼쪽 또는 북쪽에
위치. 확립, 육체적, 부정적인 삶의 태도, 어둠,
거짓, 악, 직관.

하얀 기둥 야긴(Jachin) 성전의 오른쪽 또는 남쪽
에 위치. 신, 힘, 영감, 신성함, 긍정적인 삶의 태
도, 빛, 진실, 선.

노란 초승달 성모 마리아, 여성의 직관력, 여성의 상상력.

파란 베일 무의식 왕국으로 들어가는 입구로 파란색은 성모 마리아를 상징
하는 색이다. 직관력, 지혜, 지성, 무의식, 배려하는.

파란 바다 종교적 의식에서 몸을 깨끗하게 하는 정화.

파란 물 무의식.

노란색과 빨간색 석류 다산, 비옥함, 죽음과 부활, 탄생, 페르세포네(지하왕국의 여신).

3_ 여황제(The Empress)

하얀 왕관 순수한 권위, 순수한 힘, 순수한 권력.
하얀 왕관의 육각형 별 마법의 힘, 솔로몬의 지혜의 방패.
12개의 하얀 별 12별자리, 12달, 성모 마리아.
황금색 홀 권위, 힘, 권력, 여왕.
초록색 월계관 성공, 결실, 성과, 명예.
황금빛 밀밭 풍요로움, 풍성함, 비옥함, 큰 성과, 큰 결과, 이루어지는, 성공하는, 결실이 큰.
빨간 석류 다산, 여성의 생산, 확장, 풍요, 복잡, 다양성.
회색의 흐르는 폭포 남성적인 힘, 생명력, 남성의 성기, 지속되는, 생산되는, 확장되는.
연두색 비너스(우) 여성스러움, 아름다움, 예쁜, 생산하는, 탄생하는.
진주 지혜, 순수, 평화, 인내, 여성성.
하트 여성의 성기.

4_ 황제(The Emperor)

황금색 왕관 권위, 힘, 권력, 왕권, 관직, 명예.
파란색·빨간색 루비와 다이아몬드 왕의 신분, 태양, 빛.
황금색 보주와 홀 물질, 재물, 창조적인 힘, 지배력, 권위, 왕권.
회색 돌로 된 왕좌 지배적인 권위, 강력한 왕권.
회색 숫양 독단적, 강인함, 힘, 대중, 백성, 함께하는.

하얀 수염 연륜이 있는, 권위가 있는, 경험이 풍부함, 여유 있는, 차가운.

황갈색 바위산 황제의 포부, 황제의 야망, 달성, 성공, 도달.

붉은 갑옷 내적인 강인함, 단호한 성격, 힘이 있음, 열성적.

흐린 파란색 강 현실적, 이성적.

5_ 교황(The Hierophant)

흰 천 위의 검은색 삼중 십자가 기독교의 삼위일체, 신(그리스도)과의 합일, 종교적 권위, 순수함.

십자가 모양의 황금색 홀 교황의 상징, 교황의 권위, 우주적인, 윤리적인.

황금색 삼중관 기독교의 삼위일체, 교황의 권위.

짙은 구리색 열쇠 2개 교황의 상징, 성 베드로의 열쇠, 교황의 권위, 숨겨진 교회, 비밀의 열쇠.

붉은 장미 열정, 정열, 물질적 세계.

흰 백합 순수, 순진, 정신적 세계.

회색 기둥 전통을 따름, 단순한 세계.

치켜든 오른손 기독교적 축복.

교황의 발 아래 두 사람 인내와 지시, 지혜와 이해.

6_ 연인(The Lovers)

천사 대천사 라파엘, 자비, 지혜.

황금빛 후광 신성함, 영생, 아름다움, 조언자, 후견인.

아담(남자) 남성다움, 인간다움, 지상에서의 삶, 순수한, 원초적인, 원시적인.

이브(여자) 여성다움, 감수성, 감각, 예민함, 영혼, 순수한, 원초적인, 원시적인.

발가벗은 모습 젊음, 처녀성, 순진, 물질적 탐욕으로 물들기 전의 순수한 사람, 원초적인, 원시적인, 순수한.

초록색 뱀 사탄, 비밀, 유혹, 은밀, 신비.

사과나무 지혜의 나무, 선과 악의 나무.

노란색 불이 붙은 나무 열정, 정열, 생명의 나무, 별자리.

황금빛 태양 영원, 열정, 위엄, 빛의 에너지, 계몽.

천사의 보라색 옷 신비로움, 힘과 지혜 겸비, 유혹, 영생, 신성한, 섹시한.

황톳빛 산 달성, 성공.

7_ 전차(The Chariot)

마차 여행, 활동.

푸른 강 에덴동산의 네 강인 비손, 기혼, 힛데겔, 유브라데 중 하나.

흰색 마차의 오각형 별 마법의 힘, 솔로몬의 방패.

황금색 머리에 쓴 팔각형 별 우주의 에너지, 물질적 성공, 권위, 행동, 실천.

파란 월계관 승리, 순환되는 삶, 젊은, 활기찬, 적극적인, 활동적인, 청년.

흰색과 검은색 스핑크스 신전의 수호자, 안내자, 음과 양, 이중성과 통일성.

하얀 스핑크스 자비, 사랑, 순수, 맑은, 밝은.

검은 스핑크스 잔혹, 가혹, 보복, 탁한, 어두운.

파란 날개가 달린 황금색 원반 지배, 승리, 태양과 하늘의 지배자, 이집트의 태양신 라(Ra)의 권위, 위엄, 권위, 힘, 활기, 열정.

황금색 바퀴 물질적, 현실적, 단단한, 완벽한, 역마가 있는, 움직이는.

회색과 파란색 갑옷 강인함, 단호한, 보호하는.

황금색 초승달 여성적인, 따뜻한, 포용하는, 은밀한.

가슴의 사각형 빛을 뜻하는 우림(Urim)과 완전함을 뜻하는 둠밈 (Thummim)을 나타내는 사각형으로 단단함, 물질적 완벽.
황금 허리띠 황도대.

8_ 힘(Strength)

누런 사자 힘, 열정, 용기, 소통, 관계.
검은색 뫼비우스의 띠 성령의 신비로움, 정신적인 무한한 힘, 무한대, 영원, 끝없는, 무한한, 깊은.
화관 인생, 삶, 성공, 성과, 결실, 화려한.
꽃호환으로 된 허리띠 내적인 힘의 강력함, 욕망, 화합, 강력함, 넘치는, 치솟은, 가득한, 적극적인, 활기찬.
흰 옷 순수, 순진, 완벽, 진실, 초월, 영성.

9_ 은둔자(The Hermit)

황갈색 지팡이 마법사의 도구, 내적인 힘을 가진 현자, 힘, 신비로운, 평화로운, 여유로운.
등불 지혜, 영적인 힘, 내재되어 있는 열정.
황금색 육각형 별 마법의 힘, 솔로몬의 방패, 세상에 두루 미치는 통제권, 열려 있는, 밝게 빛나는, 개벽하는.
눈 덮인 산 험난한 현실, 인간에 대한 신의 열정, 순수한, 밝은, 처음인.
회색 옷 균형, 조화, 경험 있는, 느긋한, 여유 있는, 은밀한, 예민한.
흰 수염 연륜, 경험, 나이든, 오래된, 숙성된, 가득 찬, 텅 빈.

10_ 운명의 수레바퀴(Wheel of Fortune)

바퀴 우주의 영원한 움직임, 인생의 흐름, 삶, 운명의 회전.

바퀴살 반복되는 일, 역마, 변화변동이 많은, 움직이는, 영원한, 인연인.

모서리의 네 가지 생물 4원소, 4개의 별자리, 4명의 복음기록자.

- **황금색 사람** 공기, 검(sword), 물병자리, 겨울, 수호자, 심부름꾼, 마태복음.
- **황금색 사자** 불, 지팡이(wand), 사자자리, 여름, 힘, 남성의 권리, 마가복음.
- **황금색 독수리** 물, 컵(cup), 전갈자리, 가을, 권력, 영감, 요한복음.
- **황금색 황소** 흙, 동전(pentacle), 황소자리, 봄, 의지력, 존엄, 누가복음.

회색 스핑크스 지혜, 균형, 현명함, 지식, 신전의 수호자, 창조, 아이디어.

구리색 아누비스(사람의 몸에 자칼의 머리) 이집트 신화에서 죽음의 신, 부활, 죽은 영혼.

은색 검 열정, 행동, 용기, 방어, 지식, 지혜.

노란 뱀 그리스 신화의 티폰(Typhon), 어둠, 악의 괴물, 바람의 아버지, 거짓 열정, 거짓 소통.

책 지혜, 지식, 토라(Tora)의 지식, 기억, 기록, 생각, 상상, 공부, 교육.

회색 구름 성스러움, 신비함, 환상적인, 환생, 아득한.

11_ 정의(Justice)

여자 그리스 신화에 나오는 정의의 여신 디케(Dike). 로마 신화에서는 유스티티아(Justitia).

저울 공명정대함, 심판, 재판, 사람들 사이의 다툼 해결, 정확한, 확실한, 균형 있는.

칼 정의, 권위, 사회질서를 파괴하는 자를 제재함, 강력한, 차가운, 냉정한.

보라색 베일 의식 너머의 세계를 볼 수 있는 능력, 영적인, 신비로운.

회색 기둥 숨겨진 능력 또는 지식을 수호함, 지혜로운 지식이 가득한, 신비로운.

흰색 오른발 현실적, 냉정함, 이성적, 판단적.

망토의 브로치 4원소의 조화, 모든 것을 조절할 수 있는 능력.

붉은 옷 열정, 정열, 용기, 행동, 표현.

초록색 망토 풍요로움, 긍정, 여유 있는, 함께하는.

회색 의자 권위, 왕권, 권력, 힘.

황금색 왕관 권위, 명예, 권력, 힘, 최고.

왕관의 사파이어 지혜, 거룩한 미덕, 진리, 지식, 고급스러운.

12_ 매달린 사람(The Hanged Man)

T자형 십자가 카발라에서 세피로트 즉 생명의 나무, 예언의 십자가

매달린 남자 목성의 심볼, 목성은 행운을 뜻함.

황금빛 후광 무의식의 자유로움, 신성함, 아름다움, 자각, 인식.

허리띠 한정적, 제한적, 억압, 휴식.

파란 옷 신비로운, 고급스러운, 여유로운.

13_ 죽음(Death)

해골 죽음, 끝, 변화, 새로운 시작.

검은 갑옷 죽음의 사자의 권위, 억압, 강요, 폭력, 폭압.

검은 바탕에 백장미 깃발 죽음의 승리, 고통 뒤의 부활.

백마 자연, 순수, 힘, 시작.

검은 고삐 죽음, 어둠, 신비, 끝.

시체 죽음, 부활을 기다림, 끝.

어린아이 아무 것도 모름, 순수, 동심.

떠오르는 태양 부활, 삶의 새로운 시작, 변화, 개혁, 열정, 정열.

두 개의 탑 육체적인 세계에서의 분리, 변화의 통로, 갈림길.

강 삶, 인생

14_ 절제(Temperance)

천사 대천사 미카엘, 불과 태양의 천사, 신의 아들, 신성함.

이마의 황금색 원 태양, 능동적, 활동적, 열정적, 적극적, 행동적, 관계적.

흰 옷과 붉은 날개 붉은색(수은)과 흰색(은)을 혼합하여 완전함(금)을 만드는 연금술의 최종단계. 흰색의 순수함과 빨간색의 열정적인 단계.

황금 컵 신성함, 신비로움, 공유하는, 교류하는, 소통하는, 함께하는, 공존하는, 절제하는, 빈틈없는.

두 발 의식(돌을 디딘 발)과 무의식(물 속에 담근 발)의 연결.

노란 붓꽃 신의 메시지, 내적인 인내, 무의식의 지혜, 풍요로운, 풍성한.

물 감정, 감각, 감수성, 연결고리, 신비한, 감성적인.

가슴의 사각형 자연의 숫자 4, 순수한.

가슴의 삼각형 신의 숫자 3, 풍부한.

사각형 안의 삼각형 숫자 7, 완벽, 자기 절제, 신비주의.

라이더 웨이트 타로의 상징과 색채

15_ 악마(The Devil)

악마 유혹, 광적인 편집증, 폭력적, 원초적인, 강박적인, 사이코패스적인.

벌거벗은 남녀 순수, 순결, 무죄, 사랑, 무지, 백치.

쇠사슬 구속, 속박, 어둠, 조정, 중독, 억압.

거꾸로 선 오각형 별 사탄, 속임, 거짓, 암흑.

거꾸로 든 횃불 신의 열정을 파괴함, 신에게 거역함, 반역, 비정상.

보라색 포도가 달린 꼬리 종교적 신성함의 그릇된 사용, 풍요, 수확.

빨간 불꽃이 달린 꼬리 영적인 정열의 그릇된 사용, 행동, 정열.

꼬리 동물적 욕구, 발달하지 못한, 원시적인, 무모한.

16_ 탑(The Tower)

무너지는 탑 바벨탑, 인간의 업적, 인간의 과실, 신의 노여움, 업보.

먹구름 파괴, 신의 노여움, 암흑, 불투명한.

노란색·빨간색 불 파괴, 재앙, 재난, 빠르게 진행되는.

노란 번개 재앙, 재난, 처벌, 보복, 심판, 업보.

산꼭대기 야망, 욕망, 포부, 과욕, 허황된 꿈, 환상, 목표, 꿈.

거꾸로 떨어지는 황금 왕관 왕권의 상실, 권위의 상실, 실패, 손해.

검붉은 연기 복잡한, 다양한, 어려운.

17_ 별(The Star)

커다란 황금빛 별 희망, 사랑, 인기, 우주의 에너지, 여성의 생산성, 빛나는, 미래가 밝은.

7개의 하얀 별 우러러봄, 따름, 존경, 팬클럽, 인기, 희망적인, 미래가 밝은, 인기가 많은.

샘물 무의식, 잠재의식, 정신세계, 환상적, 상상력이 있는, 무한한, 창조적인, 반복적인.

초록색빛 땅 의식, 물질적, 육체적, 현실적, 풍요로운, 자연적인, 여유로운, 순수한.

벌거벗은 여인 자유로운, 진실된, 우주(자연)와의 합일, 순수한, 맑은, 원초적인.

컵에서 흘려보내는 물 잠재의식을 찾는, 무의식을 찾는, 근원을 찾는, 반복하는, 창조적인.

18_ 달(The Moon)

노란 달 정화, 보이지 않는 힘, 자연의 부활, 미스터리한 힘, 부활하는, 재생하는, 새로운 변화, 양면성, 두 개의 마음, 속을 알 수 없는, 사이코패스.

개 성실함, 길들여진, 충성스런, 초월한, 착한.

늑대 열정적, 길들여지지 않은, 야성적인, 지나친, 과도한, 통제되지 않는.

게 무의식, 잠재의식, 생각이 드러나는 상태, 사건이 밝혀지는 초기 단계, 드러나는, 밝혀지는.

물 무의식, 잠재의식, 미스터리한 내면, 알 수 없는, 무한한, 끝도 없는.

황토색 길 험난한 상태, 비밀이 간직된, 영적인, 끝없는, 오랜, 알 수 없는, 영원한.

두 개의 회색 탑 의식의 통로, 의식의 변화, 두 개의 마음, 알 수 없는, 복잡한.

라이더 웨이트 타로의 상징과 색채

19_ 태양(The Sun)

노란 태양 열정, 행복, 희망, 꿈, 기쁨, 생명, 존재, 소통, 관계, 포용.

어린아이 순수, 자연, 출발, 신선함, 희망, 동심, 어릴 적 꿈.

노란 해바라기 기쁨, 환희, 태양에 대한 순종, 열정적인, 활동적인, 소통하는.

백마 순수, 생명력, 에너지가 넘침, 힘.

화관 기쁨, 환희, 성공, 결과가 큰.

붉은 깃털 열정, 행동, 정열, 표현, 드러내는, 보여주는.

회색 담 안전, 보호, 안정, 알 수 없는, 신비로운.

20_ 심판(Judgement)

천사 대천사장 미카엘과 함께 서열이 가장 높은 대천사 가브리엘로, 죽음과 부활의 천사, 나팔을 부는 임무를 맡은 천사.

황금색 트럼펫 희망, 새로운 시작, 최후의 심판, 부활, 변화, 개혁, 혁명.

회색 구름 성스러움, 신비함, 알 수 없는.

흰 깃발의 붉은 십자가 순수, 열정, 정열, 피, 희망, 수호, 지켜주는.

파란색 물 무의식, 잠재의식, 생명의 미스터리, 신비로운, 무한한.

흰 눈 덮힌 산 잠재의식, 변화, 순수한, 아득한, 기대하는, 희망이 있는.

머리와 팔을 들고 있는 사람들 경탄, 숭배, 믿음, 새로운 탄생, 변화.

21_ 세계(The World)

벌거벗은 여인 순수, 순진, 진실, 진심.

지팡이 마법의 힘, 진화의 힘, 지혜의 힘, 순수한.

보라색 천 고귀함, 신비로움, 고급스런, 아득한, 꿈같은.

회색 구름 성스러움, 신비로움, 알 수 없는, 무한한.

타원형의 월계수잎 인생의 변화, 삶의 순환, 우주의 순환, 오랜, 영원한, 함께하는, 연결되어 있는, 소통하는.

모서리의 네 가지 생물

- **사람** 공기, 검(sword), 수호자, 조언자.
- **사자** 불, 지팡이(wand), 힘, 남성.
- **독수리** 물, 컵(cup), 권력, 영감.
- **황소** 흙, 동전(pentacle), 의지력, 존엄.

라이더 웨이트 타로의 상징과 색채

색채와 상징의
실전 응용

라이더 웨이트 타로를 색채 중심으로 활용하는 방법은 두 가지이다. 먼저 타로카드로서 색채와 상징 위주로 활용하는 방법, 다른 하나는 타로카드의 상징성을 배제하고 오로지 색채타로 분석법만을 활용하는 방법이다.

001　**타로카드 응용**

수많은 타로카드와 마찬가지로 라이더 웨이트 타로 역시 한 장 한 장마다 제각각 다양한 색의 그림이 그려져 있다. 각 장마다 사용한 색채의 수가 달라서 어떤 카드는 두 가지 색으로만, 어떤 카드는 세 가지 색으로, 또 어떤 카드는 열 가지 색으로 채색되어 있다.

카드를 뽑았을 때 여러 가지 색이 함께 있기 때문에 그 색들을 모두 해석하는 것은 불가능하다. 따라서 라이더 웨이트 타로의 색채를 해석할 때는 카드에 나오는 색을 모두 해석하지 않고 내담자에게 어떤 색이 가장 먼저 눈에 띄는지, 또는 어떤 그림이 가장 먼저 눈에 띄는지를 묻는다. 어떤 그림(모양)이 눈에 띄는가에 따라 그 그림의 색채만으로 분석하는 방법, 상징과 색채를 종합하여 분석하는 방법이 있다.

예를 들어, 라이더 웨이트 타로의 바보 카드를 뽑았다면 각각 다음과 같이 진행할 수 있다.

① 색채만으로 분석하는 방법

상담자 "이 카드에서 어떤 색이 제일 먼저 보이나요?"

내담자 "빨간색이 눈에 띄네요."

상담자 빨간색을 해석한다.

상담자 "어떤 모양이 제일 먼저 보이나요?"

내담자 "이 사람의 어깨의 지팡이에 매달려 있는 봇짐이 제일 먼저 눈에 들어오네요."

상담자 봇짐의 색상이 빨간색이므로 빨간색을 해석한다.

② 색채와 상징으로 분석하는 방법

상담자 "이 카드에서 무엇이 제일 먼저 보이나요?"

내담자 "이 사람이 쓴 월계관의 빨간색 깃털이 제일 먼저 보이네요."

상담자 빨간색 깃털이 상징하는 능력, 열정, 자유, 행동, 여행, 바람, 움직임 등으로 해석한다.

만약 위에서 빨간색 깃털이 아니라 바보의 지팡이에 묶여 있는 빨간색 봇짐이 제일 먼저 눈에 보였다면 감춰진 능력이나 열정, 이해 못할 자유, 갈피를 잡을 수 없는 행동 등으로 해석한다.

③ 실전 사례

다음 사례들은 실전에서 라이더 웨이트 타로를 색채와 상징으로 해석하는 경우이다.

[예 1]

내담자 "남자친구와 만난 지 한 달이 되었는데 어떤 사람인지 알고 싶어요."
→ 악마 카드를 뽑았다.

상담자 "이 카드에서 가장 먼저 눈에 보이는 것은 무엇인가요?"

내담자 "거꾸로 들고 있는 횃불의 노란색과 빨간색이 보이네요."
→ 악마가 횃불을 거꾸로 들고 있으면 악마 자신의 손을 태우게 된다. 노란색과 빨간색의 횃불에서 노란색은 관계, 소통, 어울림, 다양함, 다양함, 복잡함을 상징하고, 빨간색은 열정, 정열, 적극, 행동, 다혈질, 성급함을 상징한다.

상담자 "남자친구가 당신에게 적극적으로 접근하고 있군요."

내담자 "선생님 그런 것도 나오나요?"

상담자 "노란색과 빨간색은 성급하고 불같이 적극적인 관계와 소통을 요구하고 있으며, 그로 인하여 남자친구 본인도 상처받고 힘들어하고 있습니다."

내담자 "24시간 잠시라도 통화가 안 되면 못견뎌하고 화를 내고, 잠시라도 연락이 끊기면 집으로 달려와요."

상담자 "거꾸로 든 횃불의 노란색과 빨간색에서 망상성장애인 부정망상이나 상대를 조종하려고 하는 가스라이팅의 모습이 많이 보입니다. 남자친구와는 빨리 정리하는 것이 좋을 듯합니다."

[예 2]

내담자 "남자친구와 만난 지 한 달이 되었는데 어떤 사람인지 알고 싶어요"
→ 연인 카드를 뽑았다.

상담자 "이 카드에서 가장 먼저 눈에 보이는 것이 무엇인가요?"

내담자 "남자 옆에 서 있는 나무에 불이 붙은 모습이 눈에 들어오네요. 나무에 노란색과 빨간색 불이 붙었어요."

상담자 "노란색은 관계, 소통, 어울림, 다양함, 복잡함을 상징하고, 빨간색은 열정, 정열, 적극, 행동, 다혈질, 성급함 등을 상징합니다. 나무에서 노란색과 빨간색 불이 피어나는 것은 나뭇가지 등이 계속 자라고 성장하는 모습입니다. 연인 카드이니, 연인들의 사랑이 나무가 자라듯 서로 사랑을 주고받고 소통하면서 어울리고 적극적이고 열정적으로 표현하면서 사랑을 싹틔우고 있군요."

내담자 "남자친구와 만난 지 한 달밖에 안 되었는데 서로 생각도 잘 통하고 대화도 잘되고 둘 다 적극적이어서 마치 2~3년 연애한 것 같은 사이가 됐어요."

[예3]

내담자 올해 안에 가게를 제값 받고 팔 수 있을까요?

→ 전차 카드를 뽑았다.

상담자 "이 카드에서 가장 먼저 눈에 보이는 것이 무엇인가요?"

내담자 "갑옷을 입은 기사의 양쪽 어깨에 있는 노란색 달이 제일 먼저 눈에 보였습니다."

상담자 "노란색은 관계, 소통에 해당하므로 가게를 사려고 하는 사람들이 많아짐을 상징합니다. 초승달은 상현달로 상현달은 보름달로 변해가니 긍정적이고 희망적이네요. 달은 여성적, 포용적, 은밀함이니 매수자가 갑작스레 나타나서 매매가 될 것입니다. 다만 초승달은 아직 보름달이 아니므로 원하는 만큼의 가격을 받기는 어려울 것 같습니다."

[예4]

내담자 올해 안에 가게를 제값 받고 팔 수 있을까요?

→ 달 카드를 뽑았다.

상담자 "이 카드에서 가장 먼저 눈에 보이는 것이 무엇인가요?"

내담자 "카드 위쪽에 떠 있는 노란색 달이 제일 먼저 눈에 보였습니다."

색채와 상징의 실전 응용

상담자 "노란색은 관계, 소통에 해당하니 가게를 사려는 사람들이 많아짐을 상징하고, 초승달인지 그믐달인지 보름달인지 태양과 달이 함께 있는지 알 수 없는 달에 해당하니 양면적인 사람들, 사기를 치려고 하는 사람들로 인해 어려움이 생길 수 있겠네요."

내담자 "지난 1년 동안 가게를 팔아준다고 해서 몇 번의 사기를 당했는데 앞으로도 똑같은 일이 생기나요?"

상담자 "함부로 사람을 믿지 말고 조심해야 합니다."

002 **색 채 타 로 응 용**

색채타로 분석법으로 라이더 웨이트 타로의 색채를 분석하는 방법이다. 단, 카드를 뽑는 방법과 질문 방법은 앞서 설명한 타로카드 응용법과 같다.

[예]

내담자 "남자친구와 만난 지 한 달이 되었는데 어떤 사람인지 알고 싶어요."

→ 악마 카드를 뽑았다.

상담자 "이 카드에서 가장 먼저 눈에 보이는 것이 무엇인가요?"

내담자 "거꾸로 들고 있는 횃불이 제일 먼저 눈에 들어오네요."

상담자 "횃불의 색이 빨간색과 노란색이니 이 두 가지 색으로 분석해 보겠습니다."

① 빨간색_ 누가

긍정적일 때 열정적인 사람, 행동하는 사람, 육체적 힘이 있는 사람, 모험적인 사람, 물질을 추구하는 사람, 자신감이 있는 사람, 낙천적인 사람, 감성적인 사람, 추진력이 강한 사람, 외향적인 사람, 정열적인 사람, 격정적인 사람, 자유로운 사람, 예술성이 있는 사람, 표현하는 사람, 말하는 사람.

부정적일 때 자기 주장이 강한 사람, 공격적인 사람, 야심 있는 사람, 성적 충동이 강한 사람, 자기 감정을 조절하지 못하는 사람, 다혈질인 사람, 욱하는 사람, 감정기복이 심한 사람, 산만한 사람, ADHD 증후군, 방만한 사람, 쾌락적인 사람, 향락적인 사람.

② **노란색_ 누가**

긍정적일 때 따뜻한 사람, 명랑한 사람, 부드러운 사람, 대인관계가 뛰어난 사람, 적극적인 사람, 낙천적인 사람, 발랄한 사람, 야망 있는 사람, 포용력이 있는 사람, 관용적인 사람, 낙관적인 사람.

부정적일 때 방만한 사람, 산만한 사람, 변절하는 사람, 속을 알 수 없는 사람, 고집불통인 사람, 비겁한 사람, 흥을 깨는 사람, 게으른 사람, 바람둥이, 집중력이 떨어지는 사람.

색채와 상징의 실전 응용

영화가 있는 요한 이야기

천국보다 아름다운 (What Dreams May Come)

사랑하는 아내를 구하기 위해 천국에서 지옥으로 험난한 여정을 감행하는 남자의 이야기. 리처드 매드슨(Richard Matheson)의 동명소설을 빈센트 워드(Vincent Ward) 감독이 영화로 제작했다. 로빈 윌리엄스(Robin Williams), 아나벨라 시오라(Annabella Sciorra) 주연, 1998년 개봉.

영화의 영상미는 1999년 〈아마겟돈〉을 누르고 아카데미 시각효과상을 수상할 정도로 감각적인 시각적 인상이 강렬하다. 뛰어난 상상력과 예술성을 갖추고 그림같이 아름다운 영상미를 보여준다. 사후세계인 천국과 지옥, 그리고 삶과 죽음을 수채화같이 그려내고 있다.

소아과의사 크리스(로빈 윌리엄스)는 큐레이터인 애니(아나벨라 시오라)를 만나 사랑에 빠진다. 결혼 후 아들 이안, 딸 마리와 행복하고 평화로운 삶을 살던 어느 날 아들과 딸을 교통사고로 잃게 된다. 애니는 우울증에 시달리다가 자살 시도를 해서 요양원에서 지내게 되고 면회를 온 크리스에게 이혼을 요구한다. 크리스는 애니의 고통을 덜어주기 위해 이혼에 합의하는데, 4년이 지난 후 크리스도 교통사고로 세상을 떠나고 만다.

크리스는 저승으로 가지 못하고 이승에서 애니 곁에서 방황한다. 어느 날 광채로 빛나는 존재에게서 영혼이 머물면 산 자에게 나쁜 영향을 미친다는 말을 듣고 크리스는 그 자와 함께 사후세계로 떠나기로 결심한다. 크리스는 아내가 그린 훌륭한 풍경화 작품 중에 그려진 파라다이스 그림을 보고, 천상의 세계(천국)로 들어가게 된다.

천국에서 크리스는 죽은 애견과 스승, 아들과 딸을 만난다. 그리고 딸에게서 애니가 자살을 해서 고통으로 만들어진 악몽(지옥)에 갇혀 있다는 이야기를 듣는다. 결국 크리스는 애니를 지옥에서 천국으로 데려오기 위해 모험의 길을 떠난다.

영화를 보는 내내 다양한 색채의 아름다운 영상미를 감상할 수 있다. 영화는 짙은 초록색 호수에서 빨간색 보트를 탄 아내를 크리스가 만나면서 시작된다. 또한 애니의 천국보다 아름다운 그림은 노랑과 빨강 꽃들과 초록색 들판, 파란 호수 등 알록달록 아름답고 화려한 공간이다. 하지만 자살한 애니가 들어간 지옥은 어두운 회색의 공간이다.

크리스는 천국에서 편안한 삶을 살 수도 있었지만, 아내 앤이 없는 천국은 진정한 천국이 아니었다. 그는 사랑하는 아내 앤을 만날 날만 손꼽아 기다렸고, 앤이 자살해서 천국으로 오지 못하고 지옥에 갔다는 소식을 듣고는 천국의 삶을 포기하고 앤을 만나기 위해 지옥으로의 험난한 모험을 시작한다. 어쩌면 자신도 영혼을 잃고 영원히 지옥에 머물게 될 수도 있는 위험한 모험이지만 오직 사랑하는 앤과 함께하기 위해 고난의 길을 떠나는 크리스. 진정한 사랑이란 어떤 걸까 깊이 생각하게 만드는 아름답고 감동적인 이야기이다.

마음의 비밀코드
색채타로

글쓴이 ㅣ 김동완 　　기 획 ㅣ 이화진
펴낸이 ㅣ 유재영 　　편 집 ㅣ 나진이
펴낸곳 ㅣ 동학사 　　디자인 ㅣ 임수미

1판 1쇄 ㅣ 2021년 10월 8일
출판등록 ㅣ 1987년 11월 27일 제10-149

주소 ㅣ 04083 서울 마포구 토정로 53(합정동)
전화 ㅣ 324-6130, 324-6131 / 팩스 ㅣ 324-6135
E-메일 ㅣ dhsbook@hanmail.net
홈페이지 ㅣ www.donghaksa.co.kr
　　　　　www.green-home.co.kr

ISBN 978-89-7190-790-0 03180